大夏书系·作文教学

我让学生爱上了写作
——吴勇的童化作文课程实践

吴 勇 ◎ 著

WRITING

华东师范大学出版社
全国百佳图书出版单位

图书在版编目（CIP）数据

我让学生爱上了写作：吴勇的童化作文课程实践/吴勇著.—上海：华东师范大学出版社，2017

ISBN 978-7-5675-7147-1

Ⅰ.①我… Ⅱ.①吴… Ⅲ.①作文课—教学研究—小学 Ⅳ.① G623.242

中国版本图书馆 CIP 数据核字（2017）第 271129 号

大夏书系·作文教学

我让学生爱上了写作
——吴勇的童化作文课程实践

著　　者	吴　勇
责任编辑	卢风保
封面设计	小　米
出版发行	华东师范大学出版社
社　　址	上海市中山北路 3663 号　邮编　200062
网　　址	www.ecnupress.com.cn
电　　话	021-60821666　行政传真　021-62572105
客服电话	021-62865537
邮购电话	021-62869887　地址　上海市中山北路 3663 号华东师范大学校内先锋路口
网　　店	http://hdsdcbs.tmall.com/
印 刷 者	北京季蜂印刷有限公司
开　　本	700×1000　16 开
插　　页	1
印　　张	13
字　　数	199 千字
版　　次	2017 年 12 月第一版
印　　次	2017 年 12 月第一次
印　　数	6 100
书　　号	ISBN 978-7-5675-7147-1/G·10748
定　　价	39.80 元
出版人	王　焰

（如发现本版图书有印订质量问题，请寄回本社市场部调换或电话 021-62865537 联系）

目录

序一　童化作文："化"是为了"不化"　001
序二　一个人，一辈子，一件事　005

第一辑　童化作文三问

童化作文从何而来？　003
童化作文缘何而来？　010
童化作文为何而来？　028

第二辑　学生爱上童化作文的理由

用"我"的方式学写作　035
"我"的一切都在写作中　047
写作就是表达"我"的诉求　079
写作就是书写"我"的童史　094
精准知识让"我"的语力倍增　106
习作教材为"我"而变形　119
博客成就"我"的作家梦　135
"我"的优秀有标准　146

第三辑　童化作文的课程效应

课程让"教"变得清晰具体　163
课程让"学"变得精准有效　174
课程让"童年"变得精彩丰富　183

序一　童化作文:"化"是为了"不化"

处于童年的孩子,他写下的文字难道还不能称为"儿童作文"?难道还需要一个"化"而为"童"的过程?"童化"作为小学作文教学之理念主张与课程建构的关键词,是否具有真实的现实指向,能否提供坚强的学理阐释?

单凭"童化作文"这一命题,或许诸如此类的追问并非多余。直到与江苏吴勇老师的"童化作文"有过真实而美丽的相遇,才真正掂量出"童化"二字的重量,才真正意识到这种作文主张所彰显的精神高度、心灵深度及变革力度。

在我看来,中国教育的当务之急不是理论话语的狂欢与概念的制造和炒作,而要以一颗沉潜的心,真正从"人"的发展出发,让"人"更像一个"人";从成长关怀出发,让"孩子"更像一个"孩子"。如此返璞归真,或许才能回到那些习焉不察的"常识"。

吴勇所思所行的"童化作文"从根本上说,只是一再提醒人们回到作文的"常识"。

"童化"之所以能成为小学生习作的一个理论问题或研究课题,显然预设着这样的前提:从大量的小学生作文里,我们几乎看不到自由的童年生活,看不到真正的童趣,看不到纯洁的童真与奇异的梦想。孩子虽然处于生命中的童年,童年却并不"在场"。它们不在他们的文字与言说里,不在他们的习作中。

我们看到的永远是:"童心"被成人世界挤压,"文心"被成人话语遮蔽。

造成这种格局并非成人的主观故意，相反，很多时候还出于我们自以为是的"爱与善意"。在我们的意念里，儿童的生活似乎从来就不具有"独立性"，我们并不在乎儿童获取自由与快乐、感受忧伤与美丽的方式，不会在意他们有别于成人的思维方式、情感方式、行动与话语方式。我们自觉或不自觉地把自己的价值观、意愿与标准强加给儿童。我们总把童年当成人生的准备期，因而，天经地义地需要"把我的世界强加给你"。童年只是手段与方式，而不是目的。所谓"不输在起跑线上"，其功利指向正是成年社会所认同的人生轨道。在浅俗、唯利的商业文化鼓噪下，儿童文学、歌谣等所有的儿童文化生态纷纷遭受蚕食和破坏。因之，学者王富仁先生曾发出"把儿童世界还给儿童"的真诚呐喊。

我以为，这种基于儿童的生命呐喊，不是简单地出于学术，而是出于良知。它隔着几十年的时光山谷，与鲁迅先生的那声"救救孩子"相呼应。而吴勇的"童化作文"不能不说是教育田野里一声强有力的回应，至少他所致力于的正是在小学作文中"将儿童世界还给儿童"。

其实，关于作文教学的改革与探索，来自一线的成果不可谓不丰，名目不可谓不繁。冠于作文之前、试图成家立派的关键词频频见诸媒体。"生活作文""创新作文""本色作文""个性作文""真情作文""童话作文""故事作文""漫画作文""新闻作文"等等，不一而足。这种探索，或指向写作主体的素养与品质，或指向内容体系的开发与建设，或指向文本样式的引导与开启，或指向训练体系的严谨与有序，自有其理论与实践意义。然而，相比之下，我更看重"童化"二字的思想统摄性与对小学作文教学现实的校正力。

童化作文的理论基石在于言语、精神、人之间的生命同构关系。就是说，这种作文观的背后是一种尊重儿童世界独特性的儿童观，是一种有别于语言工具观的言语生命观，是一种深度关怀"人"的成长的教育观。一个人的语言发展史，其实是他的精神发育史、生命成长史。语言不只是公共的符号与工具，语言即思想，即精神，即人。从这样的观点出发，作文即做人，童年作文方式即童年生活的表达方式和生命的存在方式。

童化作文的思想统摄性在于，它以一个"化"字，在一定程度上突破了

"谁在写""写什么"与"怎样写"的作文教学与分析框架，将作文兴趣的激发、思维的培育、创意的生成、读写的沟通、体验的唤醒，以及作文训练的序列性、有效性等问题都统整到"童化"的过程之中。用吴勇的话说，就是习作主体的"融化"、习作内容的"活化"、习作方式的"转化"、习作情趣的"催化"及习作生活的"优化"。因此，童化作文使得作文的过程与要素之间真正建立了基于"生命"的逻辑联系。

童化作文在探索维度上表现出鲜明的层递性。如果"梦想""交往""文心"这三个关键词代表其核心理念的话，探索者殊为可贵的自觉表现在，他有意识地将这么一项研究上升到课程建设的层面。这在作文课程依然散乱的现状下，价值更为凸显。所谓"主题统整""异质同构""点面结合""做写并写"等课程开发策略的归纳，使得"童化"二字有了切实的"抓手"，至于基于言语交往的路径指明及案例开发，显示出这一研究不仅保持着"形上关怀"，而且始终保持着鲜明的务实取向。

我在想，吴勇的"童化作文"，"化"是不是为了"不化"？有一天，我们的孩子所写下的作文都是真正属于童年的作文。那时，又何"化"之有哉？

黄耀红

湖南教育报刊社编审，教育学博士

序二　一个人，一辈子，一件事

或许，与习作教学有缘。在我的专业成长之路上，它总是相伴左右，挥之不去。有时想刻意回避，可是，转了一大圈儿，却又重回到起点。冥冥之中，曾执手相教的恩师，成为我精神中一盏盏不灭的明灯；与我朝夕相伴的儿童，成为我实践中一个个苦苦求解的命题。于是就有了我的"童化作文"教学，于是就有了我点点滴滴的收获和成长！

一簇温暖的灯光

1991年我师范毕业，被分配到一个叫"大崔小学"的集镇小学当语文教师。校长让朱耀元老师带着我进行"小学作文系列训练"的第二轮实验。那一年，朱老师"双喜"临门，一是他主持的"小学作文系列训练"第一轮实验圆满结束，课题报告在《江苏教育》上发表；二是作为一名民办教师，他获得了"全国优秀教师"的称号。有这么一个声名赫赫的"重量级"人物当师父，我真有点儿受宠若惊！

刚开始当教师，一切是那么新鲜，一切又那么陌生！每天备完课，改完作业，完成朱老师布置的"每课一得"，已是夜里十点多。可我一点儿都不感到疲倦，常常走出校门，沿着碎砖渣铺成的小路向北散散步。没有路灯，但我喜欢这份静谧。走出十几米，前面的拐弯处有了光亮，那是立在路旁的小阁楼里透出的灯光！那灯光在深秋的夜里显得那样明亮、那样温暖。仰望小阁楼，隐隐约约地看见一个人正在伏案疾书。后来，我知道小阁楼就是朱老师的家，灯光里的身影正是朱老师。

终于在一个寒夜里,我拿着一篇刚刚写好的教学论文,登上了朱老师的小阁楼。朱老师戴着一副眼镜,正坐在书堆里翻阅着,看到我,连忙起身让座。看着朱老师在我的文稿上添删,听着朱老师热情点拨,我周身的血液似乎沸腾了。几个月后,这篇长达四千字的稿子竟然在《江苏教育》上发表了,我忍不住搂住朱老师的脖子跳起来!

从此,我成了阁楼上的常客。灯光下,我们一起交流写作教学理论,一起探讨实验的思路,一起设计教学案例,一起修改课题研究论文。开始我虚心地倾听,渐渐地也发表自己的意见;后来我们便有了争论。可是这一切似乎都是朱老师的精心预设,他对我的"狂言"似乎早有准备,总是呵呵地笑着,甚至还作出"让步"!当我以一个"胜利者"的姿态从阁楼里走出来时,心里仿佛长了翅膀,涌起了飞翔的感觉。再回首阁楼的灯光,它仿佛是我心头燃起的火焰!

阁楼的灯继续亮着,我依然行进在这温暖的灯光里。一年后朱老师被转为公办教师,两年后被评为江苏省小学语文特级教师,他的专著《小学作文系列训练》也由江苏少儿出版社出版了,我也被县政府评为"水乡教坛十杰"。可是朱老师积劳成疾,不幸患上了肝癌,尽管县里乡里想尽了一切办法,可还是没有留住他宝贵的生命。大家都说,朱老师是累死的!阁楼的那盏灯从此灭了,可是我心中的那盏灯却被点亮了,并且一亮就是二十年,如今依然那么明亮,依然那么温暖!

一颗饱满的童心

1996年秋天,我调入建湖实验小学,结识了我的第二任老师金加锦。她也是特级教师,在盐阜地区作文教学方面,是一位值得称道的专家。有幸的是,我很快成为金老师"生活作文研究"团队中的一员,并有幸多次走进她的课堂,多次聆听她的教诲。在我眼里,金老师的作文课非常有"魔力",她能将每个孩子的写作热情调动到极致:充满悬念的开场白,富有情趣的课堂活动,扎实有效的写作指导,多层面的习作评点,两堂作文课就是这样一气呵成,身在课堂的孩子总是那么乐此不疲。

当然，金老师让我感受更多的是她身上那颗饱满的童心。记得在盐城市小学语文创新教学研讨会上，我执教一节"生活作文"实验课《让地球妈妈更美丽》，一轮试教下来，金老师突然对我说："你的头为什么总是昂得高高的？注意呀，你面对的是孩子，你的眼睛要和他们交流！"从那一刻起，我领悟到课堂交流的真谛！在接下去的几轮试教中，金老师又对我说："老师的教学话语要轻柔，要有变化，这样既让孩子听了很舒服，又不产生疲劳感！"这些教学细节是我从未关注到的，我明白了金老师身上的教学魅力来自何方，原来就是那一颗永远勃发的童心！研讨活动在东台市实验小学如期进行，在走向教学现场的那一刻，金老师再次叮嘱我说："记住，课堂上眼睛要一直凝视着孩子，倾听孩子的发言时不妨躬下身子，语速不要太快，要把每句话清晰、柔和地送到每个孩子的耳中！"通过这一堂习作课，金老师在我的精神深处注入了关注儿童的种子，在以后的教学中我对"儿童"有了更多的关注。

2001年11月，我接到《江苏教育》编辑部许元新主编的电话，他要我在江苏省教育厅主办的"教海探航"征文颁奖活动中上一节观摩课。当我把这个消息告诉已经身为校长的金老师时，她不假思索地说："还是上作文课吧，经过这几年的磨炼，或许更有把握些！"从确定上课内容、备课到试教，金老师一直参与其中，大到一个教学环节的设计，小到一个手势、一个眼神的拿捏。为了确定教学的可操作性，她总是将儿童的课堂表现作为取舍的标准，她不断地说："生活作文，就是构建适合儿童生活的作文，如果习作课堂上儿童不适应，那么就是教学设计的失败，教师指导的失策！"颁奖会在海门市实验小学进行，上课那天，她放下了繁忙的行政工作，驱车数百里从建湖赶到海门。课一结束，她没有过多地予以赞扬，而是对教学过程中的几个细节进行推敲："那个孩子的发言已经很精彩了，可是你的评价语没有到位，对下面孩子的发言没有起到鼓动作用！活动时间控制得不太好，应该再紧凑些，给孩子的写作再多留点儿时间！"她的寥寥数语，将我刚刚涌起的自负情绪抚平了，使我警醒：在儿童写作研究的征途中，我才刚刚开始，还有漫长的路要走！

以后的几年中，在金老师的指点下，我还参加了中央教科所在浙江温岭举办的全国部分省市习作个性化教学观摩活动、盐城市小学语文优质课评比活动，我都获得了一等奖。在建湖实验小学工作的八年时光，应当是我教学生涯中最值得回忆的日子，因为有了金老师的真切关注和悉心指导，我对儿童写作有了更多的实践和研究机会。

一个美丽的梦想

2004年9月，我举家来到海门。这年暑期，我在南通参加了江苏省小学语文骨干教师培训班，年过花甲的儿童教育家李吉林老师登台演讲，一个个有关儿童的故事，还有她对儿童的炽热情怀，深深地感染了在场的每一位学员。而学者李庆明关于儿童教育哲学的讲座，则从理性层面给听课者带来了强烈的思想冲击，将我带到了一个前所未有的崭新的教育境界。正是在这个特别的暑假，我对语文教学特别是作文教学，有了更加深刻的思索。此时一个美丽的梦想在我的脑海中悄然孕生——童化作文。

当我将童化作文这个想法与特级教师周益民商讨时，周老师给了不少积极的建议；与此同时，我又就童化作文这个命题向著名特级教师、"儿童作文"的倡导者周一贯先生请教，周先生热情地给童化作文提出了研究脉络；著名特级教师钱正权先生还对童化作文的概念界定进行了深入推敲。名家的认同和真诚关注，使我对"用儿童的精神去阐释作文，用儿童的文化去观照作文教学，用儿童的生态去构建作文课程"的"童化作文"研究有了充足的信心。

童化作文研究从自己的班级开始，先从具体的课例开发入手，再拓展到一个个具体的研究项目：习作主题单元开发、儿童博客写作、小学整本书写作探索、故事性课程构建、功能性写作实践、习作共同体创建……童化作文研究渐行渐远，逐渐在小语界引起广泛关注。经过十年的探索，童化作文有了清晰的教学界定，童化作文有了鲜明的教学主张，童化作文有了立足教材的课程构建。

在寻梦的过程中，我也不断地收获着美丽和精彩：2011年，童化作文被评为江苏省首届教育科学"精品课题"，并获得江苏省第三届优秀教育科学成果评比二等奖；2013年，童化作文教学实践荣获江苏省人民政府教学成果特等奖。与此同时，《人民教育》《中国教育报》《语文教学通讯》等教育媒体多次用大幅版面深度报道童化作文理论创新和实践探索。在与童化作文一起成长的过程中，本人也被评为江苏省特级教师。

  随着童化作文的影响力逐渐扩大，不少专家和友人劝我赶紧扩大"战果"，将"童化作文"升级为"童化语文""童化教育"。可我却不为所动，因为深知，26年的习作教学研究和实践，我才刚刚跨进小学写作教学的门槛，在儿童言语和精神的发展进程中，还有很多现实问题、难题、谜团等着我去探寻和破解。正如恩师周一贯先生对我的寄语——"一个人，一辈子，一件事！"童化作文是我一辈子的事业，生命不息，研究不止！

吴　勇
2017年10月

第一辑
童化作文三问

- 童化作文从何而来?
- 童化作文缘何而来?
- 童化作文为何而来?

童化作文从何而来？

改革开放以来，中国小学写作教学研究蔚然成风，各种教学流派风起云涌，在不同的地域各领风骚数十年。尽管有些实践成果在全国范围内没有引起广泛的重视，也没有从根本上解决当下中小学写作教学遭遇的根本性问题，但是他们的实践轨迹为中国小学习作教学搭建了一座座坚实的桥梁，为无数的后来者"引渡"，引向更加明媚的彼岸；他们的实践经验已经呈现出不同的光华，为蓬蓬勃勃的中国小语百花园"着色"，使之更加绚烂多姿。

一、读写结合派

读写结合是我国语文教学的传统经验，以文章课文为载体，从文本内容出发，设计与之相关的"写"的训练，使阅读、写作、思维训练三者融为一体。通过以读带写、以写促读的读写训练，儿童的思维得到发展，能力得到提升。

（1）周蕴玉的"文体为纬，过程为经"。他的做法是：以各种文体的写作特点为纬线，以写作的一般能力——审题、立意、选材、布局谋篇、语言运用等为经线，精选典范作品为例文，按照单元要求设计训练方案，组成一个读写结合、分阶段、有层次的训练序列。这种作文教学体系既摆脱了"熏陶式"的中国古代作文教学方法的影响，又摆脱了"模仿式"作文教学方法的束缚，是我国作文教学开始由经验主义走向科学主义的有益尝试。但是在这种训练体系中，写作基本能力及写作过程能力的训练还处在手段地位，它仍以训练文体写作能力为基本目标。

（2）丁有宽的"读写结合"。针对语文教学读写脱节的问题，丁有宽提出"读写结合，练好记叙文 17 个基本功"的课题，探索提高学生读写能力的途径。再试阶段，提出"读书、观察、作文三结合"和"以记叙文为主，坚持读写结合，培养自学能力"的课题，积累了改革记叙文教学、提高学生作文能力的一些经验。验证阶段，提出"以记叙文为主，坚持读写结合，培养学生自学、自得、自写、自改的能力"的课题，经过实验，儿童喜读爱写蔚然成风，作文能力大幅度提高。深究阶段，提出"读写结合五步训练"，博采众长，在实验的基础上，总结出读写结合的八条基本经验。物化阶段，编写读写结合实验教材，完善读写结合教法，以科研为先导，将实验不断引向深入。实验的最大贡献在于：既看到读、写各有自己的任务，又看到二者统一、重合之处，使之紧密结合，同步训练，优化过程，优化内容，优化结构，优化方法，创立了读写结合的语文训练体系。这个体系由两大部分组成。一部分是教学体系：包括体现记叙文读写规律的"五十法"（或五十个基本功）、体现读写结合对应规律的七项读写结合学习法、体现年段特点的读写结合五步训练等等。另一部分是教材体系：实验教材以全面素质教育思想为指导，以大纲为依据，体现改革精神，体现工具性和教育性的统一，体现读写结合训练的体系，注重语文能力的培养。其特色是：取消专设的作文课，把作文课和阅读课融为一体，把字、词、句、段、篇的训练和记叙文的训练紧密结合起来，建立起"读写同步，一年起步，系列训练，整体结合"的训练体系。

二、技巧训练派

　　尽管不少大师说过自己写作的技巧是"无技巧"一类的话，但"文无定法"毕竟还是承认了"文章有法"，只是"贵在得法"而已。古人认为作文要"先规矩而后巧"，这"规矩"说的也就是为文的基本方法。小学作文尚在学文的起步阶段，给以一定的方法指导，还是不可缺少的。

　　（1）常青的"作文分格训练"。分格训练所谓的"格"，是单一的基本训练单位，具体地说是将从说话、写话、片段训练到篇章训练，从写人记事到写景状物，从审题立意、选材组材到开头结尾，从培养观察能力到发展语言、思维能力等众多的作文难点分解成一个一个具体训练的基本单位——"格"。例如，把一年级的说话训练分成两大格、若干小格。两大格：第一大格，说一句完整的话；第二大格，说几句连贯的话。把"说一句完整的话"又分成五个小格：第一格，敢说；第二格，说顺；第三格，说实；第四格，说活；第五格，说准。也就是把某一年级的作文教学要求分解成若干个具体小要求进行循序渐进的训练，为命题作文综合训练准备好"预制件"。对每一格训练都提出了要求，说明了道理。他把每种文体按观察、思维、想象、表达等线索系统组织成256格，每一格就是一种"语段写作公式"。

（2）贾志敏的"课堂作文指导"。他认为作文可分为两大类，一类是课堂作文，又称训练作文；另一类是生活作文，又称自由作文。当学生还不明白作文是怎么回事的时候，老师要在课堂里教学生，从写好一个句子、一段话开始，让他们抄写、听记、复述、改写……这个过程就是教学生运用语言、组织语言，进而达到掌握语言的过程。这是必不可少的训练，这种训练有可能由于统一指导，导致学生写成的作文大同小异，似曾相识，这很正常。课堂作文仅仅是一个过程，目的还是为了把学到的本领用到实际生活中去，这就是自由作文。总之，儿童学作文要教——教会他们掌握语言的规律；也不要教——充分尊重学生，热情鼓励孩子大胆去观察生活、表现生活。

三、情境渲染派

在习作教学中，教师应有目的地引入或创设具有一定情绪色彩的、以形象为主体的生动具体的场景，以激起儿童积极的写作体验。在习作教学中，情境不可或缺，它不仅成为激发和维系儿童写作兴趣的动力，而且成为重要的课堂写作内容，使儿童言语的表达充满着现场感。

（1）邓泽棠的"情境作文"。他创设了生活、实物、艺术和语言描述等四种情境。各类情境作文训练又有各具特色和重点的设计安排。例如在艺术情境创设过程中，突出审美性；在不同的艺术形式中，图画情境突出形象性，音乐情境突出渲染性，表演情境则突出创造性等。在情境作文教学的具体操作中，邓泽棠充分认识到写作教学的系统综合性，建立了"读、抄、导、写、评、改"（即学生阅读—学生摘抄—教师指导—学生写作—师生赏析—互动提高）的动态有机系统，以结构完整的作文训练小循环构建作文能力提高的大系统。

（2）郑宏尖的"小学音响作文"。郑宏尖充分利用电化教育手段，以生活中诸多音响中介，创设特定的习作情境，从而激发学生的作文兴趣，提高学生的写作能力。在实验中注意不同音响类型的合理利用，以及对学生作文能力发展的不同影响。在实践过程中，音响类型主要有自然音响、模拟音响、歌曲、配乐诗歌、故事、器乐曲等。在每次训练中有机渗透作文知识和技能教学，并形成系列。根据儿童的认知规律和作文心理，音响作文课堂形成了如下模式：音响感知—情感体验—联想、想象—文字表述。前三个环节解决作文教学中"写什么"的问题，后一个环节解决"怎么写"的问题。音响感知，是指通过听觉得到对音响的完整印象和总体知觉，包括以下三方面内容：对音响的辨别力，对音响的感受力，对音乐的注意力和记忆力。

四、创造生活派

语文课程标准提出："多角度地观察生活，发现生活的丰富多彩，捕捉事物的特征，力求有创意地表达。"由此可见，生活是写作的源泉。没有生活，就没有写作，将生活引入课堂，在课堂上模拟生活情境，成为不少习作教学流派的价值追求。

（1）吴立岗的"素描作文"。把绘画中的素描借用到习作教学中来，引导儿童用绘画的技法描绘自己现实的生活。其一，由简到繁地设计素描作文训练的内容，三年级进行片段素描训练，帮助学生掌握片段的各种基本结构和有关写作技能。四年级进行叙事素描，帮助学生掌握简短文的记叙四要素（时间、地点、人物、情节）和基本结构（起因、发展、高潮、结局），学会正确地确定和表现中心思想。其二，以静物、动物、自然景物、房间陈设以及师生日常生活片段的演示为素描作文内容，帮助学生逐步积累生活知识和常用词语，让儿童丰富多彩的生活进入课堂，创设诱人的情境，使儿童有话可说,有情可抒,从中受到思想教育,既能解决儿童文字表达的问题,又能帮助他们提高认识能力和思想觉悟。随着学生素描作文能力的提高,速写对象还可以进一步从室内转向室外,从静态转向动态。

(2)李白坚的"活动作文"。活动作文训练模式又称"现场演示"。其基本特征是在课堂"演示"一个预设的,具有科学性、趣味性、系统性的游戏活动,吸引学生激情参与,展示过程让其观察,然后再进行写作。将游戏的观念引入课堂,直面儿童的生命需求,使学生在情趣高昂的积极参与中,忘却写作动机,产生直接的表达需求。活动作文注重"前作文"的启发准备,避免了传统"后作文"中学生缺乏生活积累和在"无动于衷"的心理状态下写作文,从根本上体现了"为学生的自主写作提供有利条件和广阔空间"。活动作文模式主张"训练大于理论""训练先于理论""活动大于技法""活动先于技法""实践大于理论""实践先于理论"。这一模式的最大价值在于真正激发了儿童写作的兴趣,使其产生了写作的动力,在此基础上产生了写作的心理思维活动,符合"趣味性"教学原则,符合"活动课程原理"。

五、言语交际派

叶圣陶先生说:"在生活中,在工作中随时需要作文,所以要学作文。"教育心理学指出:"需要是个性积极性的源泉。"当儿童感到说与写是一种需要的时候,这种"内驱力"就会把积极性极大地调动起来,日常生活中的听说读写实践活动,都是生活的需要,都是有感而发、有为而作的。

比如于永正的"言语交际表达"。在训练目标上强调的是训练内容的实用性,在训练方法上强调的是交际性,是动态性,让儿童感受到说和写都是生活的一种需要。其基本教学模式,是在"从社会言语交际的实际需要出发,为社会言语交际的实际需要服务"的思想指导下,在教学实践中形成的。我们把它表述为"寓说写训练于活动、交际之中,在交际中学习并掌握一般的社会生活常用的表达本领"。这种教学模式,一是教学目标明确,它定位在"实用"二字上;二是教学过程体现了"在交际中学会交际"的原则。说也罢,写也罢,都是社会的或者是开展的这次活动本身的一种需要,是有为而说，有为而作的。整个教学过程是一个动态过程，即活动的过程、交际的过程。因为说和写是有目的、有对象的，即说有听者，写有读者。它的教学过程是生动的、活泼的、有趣的言语交际过程，符合小学生的年龄特点、心理特点，所以取得了较好的教学效果。

六、以人为本派

习作教学的核心是人，是儿童。苏霍姆林斯基说："童年是人生最好的时期，这不是对未来生活的准备时期，而是真正的、灿烂的、独特的、不可重现的一种生活。"习作教学要面向儿童，面对儿童独特的精神文化，面向儿童鲜活的生活，让每个儿童过一种适合自己的言语和精神生活。

（1）张云鹰的"开放式作文"。开放作文"领空"，全方位创造一个民主、宽容、弘扬个性、利于终身教育的作文教学新环境。她提出的一些观点和策略：一是开放作文"理念"，要破"升学教育"为"终身教育"，破"以文为本"为"以人为本"，破"文以载道"为"文为心声"。二是开放作文"要求"，要放宽要求，降低难度，提升高度，"以人定位"注重"个性"光彩，重视有一点"过人之处"，实行"先放后收"。三是开放作文"通道"，提倡作文的"八沟通"（与教学沟通、与同学沟通、与教师沟通、与社会沟通、与自然沟通、与内心沟通、与优秀书籍沟通、与媒介沟通）。四是开放作文"思想"，鼓励多角度思维，宽容非主流思维。五是开放作文"空间"，让作文走出教材，走出课堂，走出校园。六是开放作文"时间"，改限时作文为自由作文，改定时作文为随意作文。七是开放作文"形式"，变单一的作文训练形式为多样化的、多功能的、多个性特点的训练形式。八是开放作文"过程"，改变过去"教师命题—审题立意—范文引路—学生画瓢—教师评改"的程式，代之以"感受生活—诱发激情—交流信息—尝试实践—合作评改"的开放式教学结构。

（2）管建刚的"作文革命"。他创造性地提出了习作教学应当进入"后作文时代"，他以让学生编写"班级作文周报"为基本操作过程，开创了"欣赏—挑刺—训练"的"作后评讲课"模式，并提出作文教学九主张：主张一,"兴趣"重于"技能";主张二,"生活"重于"生成";主张三,"发现"重于"观察";主张四,"讲评"重于"指导";主张五,"多改"重于"多写";主张六,"真实"重于"虚构";主张七,"文心"重于"文字";主张八,"课外"重于"课内";主张九,"写作"重于"阅读"。他还提出了习作教学的"真话意识""发表意识""读者意识""作品意识""动力意识""发现意识""个性意识""诗外意识""差异意识""价值意识"等十大意识。他以自己的实验颠覆了"重学历制约""重学科知识""重教师授予""重课堂作文""重作业操练"的传统作文观,把习作教学与教师指导下儿童自主的办报、写稿、评稿、编稿、改稿的全过程结合起来,实现了让作文教学真正融入儿童的生命活动之中,取得了显著的成效。

  从规训到自由,从知识到生活,从教法到儿童,中国的小学写作教学一路走来,由封闭狭窄走向开放开阔,由生硬机械走向生动活泼,由僵化教条走向细腻柔软,由无为高耗走向人文实效。应该说,改革开放以来,中国的小学写作教学在几轮改革大潮中,已成功实现了它的华美转身!

童化作文缘何而来？

第八次课程改革以来，习作教学无论在理念还是实践层面都有了突破，但由于一线教师重经验轻学理的传统作祟，一些根深蒂固的课程观念和习以为常的教学行为，并没有在这次课改中得到根本的厘清和清晰的界定。它们交叉出现在习作教学的过程之中，并衍生出种种课堂乱象，形成了挥之不去的教学阴霾，成为当下习作教学改革的"掣肘"，也构成了影响习作教学实效的"原罪"。

一、对写作功能的"怠慢"

在不少小学教师的眼中，习作教学一个基本的任务是写作训练。所谓"训练"，在《现代汉语词典》中的解释是"有计划有步骤地使具有某种特长或技能"。由此可见，"训练"对教师而言，是个典型的使动过程；对儿童而言，则是一个确实的被动过程。长期以来，将习作教学放置在"训练"的语境里，习作活动对于儿童来说，就是一项追求熟能生巧的练习，是一种超越自身生活和阅历的作业。"写作"为了什么，又与儿童的当下生活和未来有何关联，这样的命题在当下的习作教学中少有提及。

不过，"习作教学重在兴趣培养"大家倒普遍认同。可是"兴趣"毕竟与人的内心需要有关，习作教学到底靠什么去激发儿童的写作兴趣，去维持儿童对写作的兴趣？这不是"训练式"习作教学能够解决的问题。即便在这样的习作教学里儿童兴味盎然，那肯定也不是缘自习作本身，而是缘自教学所创设的活动情境。

整体语言之父凯古德曼认为:"学校的语言学习应该回归到真实生活世界,将传统的教科书、作业本束之高阁,让儿童通过读写日常生活中的事物学习阅读和书写。当语言是完整的、真实的,当语言具有意义而且有实用功能,当语言融合到实用情境中,语言是很容易学的。"[①]诚如斯言,当我们赋予儿童写作"实用功能",让儿童需要与习作之间建立一个正向的关联,或许习作教学的发生就会顺理成章,儿童对即将进行的习作就会充满期待,并且兴味盎然。于是,儿童在生活中的一切诉求都可以转化为"功能性写作"——有了快乐,就会产生分享动机;有了委屈,就会有向他人解释的动机;想获得帮助,就会有说服他人的动机;想证明自己的想法,就会有向他人解释说明的动机;有了好的点子,就会有向他人推介的动机……言语表达动力就此生成。同时,我们还可以将习作教材上的所有训练内容,进行"功能性"情境创设和改造,让习作与儿童生活和心灵需要链接在一起,使"空降式"习作教学面向儿童而师出有名,使"无厘头"习作训练富有魅力而自然着陆。

缺乏交往功能的习作训练,可以让儿童在言语知识和经验上有所累积,但是不能守护住儿童持久的写作兴趣,不会成为儿童自主写作的动力源泉,更不会对儿童言语的可持续发展形成促进作用。相反,这种脱离生活、枯燥机械的训练,更早地让写作与儿童生活交往相隔离,与儿童的心灵需求相隔离,让很多孩子在小学阶段就丧失了写作兴趣和信心。

二、对习作教材的"误解"

习作教材,是语文课程的重要组成部分,可是一直广受诟病,对它的批评甚嚣尘上。一些颇有影响的习作教学改革,都有推翻现有习作教材另起炉灶的举措,甚至有一些名师公开宣称:"我从不教教材习作。"俨然,习作教材已经成为"鸡肋",为习作教学改革所丢弃。难道,众多课程专家和一线优秀教师精心编制出来的教材真的是如此不堪?笔者以为不尽然,各种版本

[①] 陈德云. 整体语言教学:将语言学习放归到真实环境[J]. 上海教育科研, 2003(4).

的习作教材肯定有不少问题，但是在一线教师手中，被"误读""误解""误用"却是更大的问题。

纵观现行的习作教材，主要有两种呈现方式：

一是"主题结合式"。将阅读、口语交际和习作训练用同一个主题串联在一起，读写结合，以说促写。譬如语文版教材四上习作6中，"能说会道"的内容是"笔的演变"，"笔下生辉"的内容是"你想改进哪一种笔？你希望未来的笔是怎么样的？请展开丰富的想象，写一篇作文吧！"譬如北师大版教材四上习作3中，"开卷有益"的内容是《做客喀什》，"畅所欲言"的内容是"开一个'民族之花'聊天会"，"笔下生花"的内容则是选一项写一写[写我和中国结（剪纸……）的故事；介绍一种民族工艺品；介绍一种少数民族节目、习俗和活动]。

二是"范例模仿式"。主要分三个板块：例文展示→引入话题→明确习作要求。以苏教版教材六上习作3为例：以例文《鸭血粉丝汤》引入"风味小吃"的习作话题，随之提出"选择你喜欢的一种风味小吃向大家介绍一下"的习作要求。

将"习作"与阅读、口语交际组合在一起，许多教师误以为，只要读好就可以说好，只要说好就可以写好；有了主题阅读和主题交流，习作教学便水到渠成。于是习作教学便对读和说产生了"前提性"依赖，在教学内容选择上失去"从头开始"的决心，在教学环节设计上缺乏"自力更生"的谋划。如果我们细细研读"主题结合式"教材，就会发现这三者之间虽然统整在同一主题中，但各有鲜明的价值取向。譬如语文版教材四上习作6，说的是现实——"笔的演变"，写的是想象——"未来的笔"。无论是文体还是技法，都没有明显的逻辑关联，这只是编者组织课程的一种策略和结构而已，此时，让读、说、写彼此"放手"，自成"教"的体系，反而效果更好。再看"范例模仿式"教材，教师将很多教学精力放在例文的言语框架揣摩上，试图从一篇短短的文字中提炼出一类文体的"言语范式"，殊不知鲜活的"例文"资源就此被狭窄化、模式化，将儿童原本丰富的言语引入一条单一而生硬的"管道"。

无论什么版本、何种结构的习作教材，编者旨在提供一个习作话题，只能解决写作内容问题，最多只能算是"学本"，不能当成现成的"教本"，至于教学设计、操作流程，还需要教师从整体上把握教材编排意图提出适合的教学目标，根据同一类文体在不同学段的训练情况合理地切分出适宜的教学内容，同时还要针对儿童的年龄特征，采用生动有趣的童话、活动、游戏来组织教学设计。这些并不是单薄的教材可以提供的，需要教者凭借自身素养进行科学而有秩序的构建。习作教材只是一个教学起点，与习作教学不是近在咫尺，而是天各一方。

三、对游戏活动的"依赖"

有专家言："活动作文能把绝大多数学生从被动作文、无可奈何作文甚至痛苦作文中解放出来，排解了消极的作文心理，使他们都能在欢天喜地的活动中感到生活的快乐，并写出优秀的习作来。"[1] 很多一线教师也在感慨："教材中的作文题那么无聊，要是能选游戏作文来教，该多好呀！"许多公开教学场合和小学生作文培训课堂，不约而同地让"游戏作文""活动作文"担纲主角。这类习作教学几乎有个相似的流程：第一步，开展游戏活动，引发儿童参与；第二步，回忆活动过程，梳理习作提纲；第三步，紧扣典型场景，渗透习作知识；第四步，现场片段练习，集体交流评改；第五步，总结全课内容，课后完成全篇。

倡导这游戏活动类习作的教师有自己的理由：小学阶段是儿童学习写作的重要阶段，激发写作兴趣是关键，而游戏活动恰恰可以极大地调动儿童的参与热情；二是当下小学生由于课业负担繁重，常常奔走在家庭和学校之间，生活单调，习作内容极端匮乏，如果在课堂上不给他们提供一些习作素材，孩子根本写不出像样的文章。

可事实上并非如此，生活在当下的儿童，并不是没有生活，而是生活太精彩了，只是我们成人缺少发现。安静的课堂上，窃窃私语的自习课上，拥挤的楼道中，匆忙小便的厕所里，叽叽喳喳的餐厅中，整整齐齐的路队中，

---

[1] 李荣春，等.是"教材作文难教"吗[J].新作文·小学作文创新教学，2010（12）.

这些看似寻常的场景里，故事的"暗流"却波涛汹涌。在故事的高潮处，可以是一阵哄笑，可以是一个会心的眼神，可以是一件文具落地的声响。而这些鲜活而真切的故事常常处于隐匿状态，教师无从知晓，儿童熟视无睹，长期以来，一直被排除在教学视野之外，难以成为习作教学的话题。"弃学生的生活经验于不顾，专门在写作课上为写作而活动，犹如放弃身边的清泉于不顾，特意到树叶上采集露水喝……使学生误以为自己的生活是不足以入文的。"①

游戏活动并不是不可以进入习作教学，它可以作为情境，引儿童尽快融入到教学当中；它可以作为儿童教学的"引子"，以此唤醒儿童更加丰富的"相似生活"；它可以作为教学组织形式，让儿童兴味盎然地参与言语训练环节。如果将此作为"唯一"的习作内容横贯教学过程，势必阻隔儿童真实的生活向写作的流淌；如果将此作为"唯一"的教学手段激发儿童的写作兴趣，势必造成如果在习作课上不搞游戏活动，儿童就无话可写，教学就难以为继。"如果游戏活动的目的不是指向培养博大深厚的写作主体，仅仅是一种促进儿童写作的'糖衣'，是一种连同感情和兴趣等服务于作文的手段，那么，我可以毫不客气地说，这是一种'伪生活'式的作文教学，它并不能使作文与生活联姻，反而变相地脱离生活。"②

四、对习作困境的"无助"

常态习作课上，大多教师都在按部就班，教材是什么就写什么；教学几乎照本宣科，教材上怎么要求，就让儿童怎么写。一些基本的环节后，会写的学生早就按捺不住，而不会写的孩子抓耳挠腮，十几分钟过去了，稿纸上依然空白一片。教师对此也束手无策，不知道从什么地方帮起，甚至还责怪几句："书到用时方恨少吧，谁让你平时不爱读书的！"教作文，在这里更确切地说是"叫作文"，教师的作用充其量是一个写作组织者的角色：提出写

---

① 叶黎明. 对当前写作教学改革热点的反思[J]. 语文学习，2006（9）.
② 叶黎明，郁夜琴. 伪主体伪生活伪科学——对中学作文教学的反思[J]. 语文教学通讯，2002（6）.

作话题—明确写作要求—发起写作指令。难怪有些学者说："写作教学的主要问题，不在于教师教什么，而在于教师根本没有教。"笔者曾在一所学校的五年级随机抽取50名学生进行问卷调查，所得的数据显示"教"与"学"很不对称，甚至形成"倒挂"。

问 题	结果统计		
	肯 定	不确定	否 定
1.你在写作前，希望老师先教一教吗？	76%	8%	16%
2.这节课，你觉得老师的"教"对你下面的写有帮助吗？	24%	36%	40%
3.你觉得老师了解你写作中的困难吗？	20%	16%	64%

其实，不是教师在习作教学中不想作为，而是更多的教师不知道该在何处作为。或许这一段精彩的母子对话能给我们启发——妈妈痛心疾首地说："孩子，你太不理解妈妈了！"而儿子一脸理直气壮："我不理解你，是因为我没有做过妈妈；可是你做过孩子，怎么不理解我呢？"这句极富哲理的童言稚语抛给我们成人一个发人深省的问题：我们还记得自己做孩子时的情形吗？现在我们教儿童习作，有没有想起自己在孩提时代写同类习作时所遭遇到的痛楚和艰涩？我们曾经的遭遇，或许就是本次习作教学的"原点"，就是本次习作教学进入儿童世界的"入口"。

习作教学最大的存在价值就是对在场的每个儿童的言语困境的"扶助"，而"扶助"不仅仅是精神层面的鼓励，更重要的是技术层面的指导。"辞以情发"，这只是写作的开始，但是"辞"如何铺展，"发"往何处，这需要必要的言语路径和基本的表达框架来引导。习作教学的指导不是笼统而抽象的"习作要求"罗列，诸如"写具体""写生动""展开丰富想象"之类，而是教给学生"写具体""写生动""展开丰富想象"的具体可操作的写作知识。一堂成功的习作教学课，首先是教师懂得适合文体的写作知识开发，善于在教学对话中进行鲜活的知识生成，让一切写作知识为儿童的习作困境而生，让一切写作知识促进习作目标的达成。

即便不借助习作教学，儿童的言语也可以借助自发的阅读"习得"慢慢生长，也可以靠儿童个人在多读多写的过程中暗中摸索，六岁少年完成长篇小说《窦蔻流浪记》就是一个典型的例证。但是这种言语"自成长"的方式是缓慢的，零碎的，只能在儿童言语发展过程中起着辅助作用。习作教学既然存在，就应该有担当，使语言素养较好的儿童在习作课堂上突飞猛进，成为文学少年；让面临习作困境的儿童能走出言语恐惧，具备熟练应对各种文体表达的基本能力。

五、对例文引领的"拔高"

例文引领，是习作教学最为常见的一种指导方式。例文在教学中不仅具有言语形式"原型启发"的功能，还对儿童的言语内容起着"相似唤醒"的作用。因此，对于习作例文，教师有着多重考量：言语形式上是否具有典型示范性，言语内容上是否富有趣味性，思想内容上是否充满意义性。

一次全国性习作教学研讨活动中，一位年轻的教师执教《畅想未来》的习作指导课，精心创作了一篇题为《我是"神舟六号"的宇航员》的下水文，为了能更好地发挥示范功能，教师还配上了 flash 动画背景。屏幕上，宇宙飞船在浩瀚的太空中飞行；屏幕下，教师合着舒缓的轻音乐声情并茂地朗诵。教室里安静极了，孩子们仿佛如临其境。在例文的召唤下，教师让孩子们"尔各言志"：有的成了攻克"SARS"病毒的医学家，有的成了获得诺贝尔文学奖的作家，有的成了著名球星，有的成了比尔·盖茨第二……在他们当中，没有一个成为平凡的职业者，因为这是以"崇高"引领"崇高"，以揠苗助长替代自然生长。在这宏大的未来后面，遮蔽了一个儿童应有的纯真面貌，或许儿童习作中的"假话""空话""套话"可以在这里找到根源。在习作讲评环节，这种"崇高"引领更是到了匪夷所思的地步。

第一个层次：出示《咱们班的运动健将》第一稿片段

暑假里的一天，他感冒发烧了，还是坚持出现在训练场上。队友和教练都很关心他，叫他不要训练了，但他还是坚持完成了整个训练任务。

第二个层次：讨论如何将片段写具体，共同设计一个采访提纲

①那天你感冒发烧了，你是怎么想的，又是怎么做的？②队友和教练是怎么劝你的？你又是怎么回答的？③在训练的过程中，你感觉怎样？你为什么要这样做？

第三个层次：根据采访结果进行修改，出示《咱们班的运动健将》第二稿片段

暑假里的一天，他感冒发烧了，队友们以为他不会来了，没想到他又出现在训练场上。大家看他脸色苍白、精神不振，关心地说："生病了还来，又不是正式比赛，快回去吧。"教练也走过来关切地催促："你还是先回家休息吧。"可他却说："不，我能坚持！"训练的过程中，他仍然像一只勇猛的小老虎，似乎忘记了所有的病痛。他的出色表现使队友和教练都十分感动。事后，大家问他为什么生病了还坚持训练，他说："我们心中都有一个希望，都有一个理想，就是用我们的拼搏换取成功的果实，如果我不参加训练，就会影响整个团队的成绩，辜负教练的辛勤辅导，同伴的刻苦训练也会受到影响。"

表面上看，这是一个丰富言语、发展言语的过程，实质上是一个"教唆"人说假话的过程。在如今安全重于泰山的校园里，烈日炎炎的暑假竟然让一个"感冒发烧"的孩子参加训练，实在有悖常理。再看，小主人公说的话俨如早年影视剧中战斗英雄的豪言壮语。这样引导，看似儿童的言语水平提升了，但是儿童的言语精神却遭到了极大的戕害。因此，成功的习作教学中，例文引领的"高处"，是在言语内容上能唤醒儿童自我，让一个个相似的鲜活故事从记忆中醒来；在言语形式上能引导儿童将自己的故事写具体、写生动、写新颖。

习作教学应当是指向"人"的教学，教学主体和写作主体都应当是儿童。在他们学习写作的初级阶段，应当牢记"我手写我口，我手写我心"的写作初衷。一切引领，只是让每个儿童回归自己真实的状态，一个可以随心所欲的自己；一切指导，只是为了让儿童言语更好地抵达自我，将自己真实、真切的一面具体生动地用言语展现出来；一切表达，都是为了书写属于自己的童年历史，一个孩子就应当有一部童史。

六、对独特生活的"回避"

儿童的生活一般分为两种：一是公共生活，即儿童在成人世界中的行为与活动，在这样的空间里，儿童几乎按照成人的"规矩"行事，亦步亦趋，竭力做一个"翻版"的成人；二是独特生活，即儿童在童年世界里的所作所为，这时童性毕露，"儿童尽可以放肆的游戏"（约翰·洛克语），可以尽情地享受没有成人的干扰的生活。前者是处于众目睽睽之下的"明生活"，后者是处于遮遮掩掩之中的"隐生活"。语文课程标准所倡导的"珍视个人的独特感受"，专家倡导的"个性化写作""自由写作"，多半指向儿童的独特的"隐生活"，而这些真实的童年生活，在现实的习作教学中常常不能登堂入室，被"健康向上"的选材取向拒之门外。

笔者曾经在多个小学语文"国培班"担任习作教学的培训专家，有一次对课堂上一个教师子女进行了现场采访，要求"实话实说"，结果发生了这样一段耐人寻味的对话——

师：在你的习作中，你经常喜欢写一些什么事？
生：写一些好的事情。
师：想一想，你习作中曾经写过哪些"好事情"？
生：考试为同学折尺，主动去做值日生，帮助妈妈洗脚……
师：这些事情，在你的生活中真的发生过？
生：有的发生过，有的没有。
师：没有发生的，怎么写？

生：现场编呗！老师让我们写班级的"小能人"，她选定的几个人可以写，可是在生活中，我们并没有发现他们有多"能"，有的地方甚至还不如我，怎么办？那就只好把所有"好事情"往他们身上套。

　　师：你为什么不写发生在你自己身上或者和小伙伴之间的真事？

　　生：（稍有犹豫）我怕老师批评，因为这些事情都是老师不允许做的；我怕同学发笑，因为这些事情都是很"糗"的。

　　真切的对白，让他台下听课的母亲都觉得不可思议。其实，对于真正的"儿童生活"，成人到底可以察觉多少？即便是孩子的老师，甚至是他们的父母，也知之甚少，因为这些生活都是一个孩子童年的"秘密"。当下的优秀儿童文学作品《我要做好孩子》《五三班的坏小子》《戴小桥和他的哥们儿：特务足球赛》等等，为何在校园里畅销不衰，拥有庞大的小读者群？因为作家们将儿童在现实生活中"见不得光"的事情写了出来，将儿童在习作中不敢写的事情写了出来，因为写得恣意，所以读得过瘾。

　　良好的习作教学应当引导儿童走出"公共生活"，走向属于自己的"放肆""撒野"的独特生活。我们的习作教学应该提供"光亮"，照亮一个儿童心灵的黑暗和隐秘之处，让他们心甘情愿地将自己真实的一面"以文示人"；我们的习作教学应该营造"安全感"，让每一个说真话、写真事的孩子得到应有的赏识和尊重；我们的习作教学应该注重"唤醒"，教者应当身先士卒，敢于将自己童年的"糗事"公之于众，以召唤更多的同道中人积极响应。只有这样，每一次习作教学才会成为孩子们的言语和精神狂欢，每一次习作教学才会成为孩子们梦寐以求的热切期待。

七、对教学内容的"越界"

　　现行的习作教材将各种文体的习作训练切割成零碎的小块，分散在各年级上下册中。大多一线教师不了解教材的编排体系，更摸不准同类习作之间的内在联系，他们在教学过程中都成了自由的习作课程"建设者"，一种文体在一次训练中，确保知识教学一次到位，到此为止；每个学段的每个学期几乎各自为政，互不关联。这样造成了不同年级的同一种文体的训练项目，教学内容和教学路径如出一辙。

　　一位青年教师在三年级上学期的"人物对话"习作训练中，借助大量对话语段，将相关的知识一网打尽：对话要使用正确的标点符号，对话要独立成段，对话的提示语有三种位置，对话的提示语分动作、神态、心理活动三种。

　　在苏教版教材三下习作3"我的发现"教学中，教材提供了一篇范文："春天，我去小河边玩耍，河边长满了嫩绿的青草。我拨开小草，惊喜地发现一群蚂蚁正在造新家，洞口有一堆新土。那土一粒一粒的，像细细的沙。啊，离蚂蚁洞不远的地方还有一只不知名的甲虫！它是深褐色的，头上顶着两根长长的须，像电视机上的天线。它不停地抖动着，大概是接受春天的信息吧！"例文仅仅134字（含标点符号），可教师引导儿童从中解读出"丰富"的教学内容：观察要从远到近，由静到动，由形状到颜色，从触觉到滋味，观察要展开联想。

　　在苏教版教材四下习作3"生活中的新发现"教学中，执教者为了教儿童写发现过程中的"心理活动"，从例文出发延伸出一整套心理活动写作知识：

　　心理活动 { 直接描写：心理独白法、梦幻想象法……
　　　　　　　 间接描写：环境烘托法、动作语言烘托法……

　　为了让这些方法具体化、直观化，教师出示了许多相关的例句，让儿童阅读体会，以期在习作中仿写。遗憾的是，这些句子中没有一句与"发现"这个习作主题有关。当教师匆匆忙忙将这些例句罗列完，下课铃声也响了。

　　不问年龄，不问学段，一堂习作课教得忙忙碌碌，唯恐教得不够全面；儿童看得眼花缭乱，听得糊里糊涂，写作时不知可以用到些什么。为什么会造成如此局面？王荣生可谓一语中的："没有固定必学的知识内容，没有人人必须达到的、统一的技能指标，而只能采用'催生'的方法引领学生进入自发'创作'，这就使得作文的课堂教学难以操作。"的确，长期以来，习作教学到底要教什么，在各个学段、每个学期教到什么程度，课程标准、习作教材都没有作出明确的规定和切分，将这样的选择权丢给一线教师，不能不说是一个冒险的决定。因为一线教师课程设计能力良莠不齐，能找出教学内容而教的，已属于上乘水平，更多的教师连教学内容都找不到，将写作内容当成教学内容。

作为一线教师，现在要做的就是在教学内容上切不可贪多求全，要以一种"慢慢走，欣赏啊"的姿态进入教学。譬如"观察"的教学内容，可以切分成许多前后勾连、全程贯通的小格子——方位观察、时间观察、动静观察、观察与联想、整体与局部观察等等，将每一项内容排成一个循序渐进的阶梯，逐层分布在几个年段里"教"，步步为营，可能效果更好。推而广之，将各类文体写作知识进行梳理，结合教材，精心细分，每一次教学"弱水三千取一瓢饮"。这样才会教得很深入，很透彻，让每个儿童训练得很扎实。

作为小学语文教师，要积极主动地为整个小学阶段各种类型的写作内容罗列出在各年级相对应的教学内容，这样"教"才能循序渐进，左右逢源，上下贯通，执教者才会自觉意识到本次教学将抵达何方，既避免"教"无目标，笼统盲目，也有效遏制了"教"无边界，随意延伸，肆意"创造"不切实的高度。

八、对习作知识的"预设"

每一次习作教学到底要"教"什么，一线教师心中势必有"谱"，否则真正的教学指导无从谈起。一段时间，笔者在不同的地区，连续听了几节有"谱"的习作课，却发现了一个共同的现象：

一件感人的事情：抓住动作、神态、语言、心理活动写（写事情）
吹泡泡：抓住动作、神态、语言、心理活动写（写活动）
妈妈的爱：抓住动作、神态、语言、心理活动写（写人物）
游野生动物园：抓住动作、神态、语言、心理活动写（写游记）

明明是不同属性的习作训练，异地教师不约而同将习作知识锁定在人物的细节描写上。应该说，这样的习作指导没有错误，但是问题在于不同的写作内容、不同的言语对象，应该需要怎样的动作、怎样的神情、怎样的语言、怎样的心理活动来匹配？如果将所有的叙事类的习作都预设为"抓住人物的动作、语言、神态、心理活动写"，这样脱离文体的指导，缺乏对写作内容的尊重，对儿童实际习作来说，不具有任何意义。

当下的习作课为什么挠不到儿童的"痒处"？为什么不能"教"到儿童心里去？最直接的原因就是教学指导的预设化、笼统性，让习作知识永远处于"告诉"状态。成功的习作教学，知识是师生在具体的话语情境中通过对话"生产"出来的。这些知识对于儿童而言，实际上就有了"原创"的意味，他们在课堂上不仅能体会到写作知识"生产"的巨大成功，也在言语的实践中享受到了习作知识的"运用"之乐。在习作指导课《书包里的秘密》中，笔者就和儿童经历了一场生成知识的愉悦。

师：有个叫金铃的孩子，她的书包曾经有着这样的秘密——（出示黄蓓佳的《我要做好孩子》节选）

金铃将一袋小蚕放进书包里，而后她不敢再背了，用两只胳膊小心抱住，像抱一只随时都会被压碎的薄胎花瓶。路上，英语老师指着金铃怀中的书包问："带子又断了？回家都不记得请妈妈缝上？"金铃支支吾吾，自己也不知道答了句什么。第一节课是数学课，讲应用题。金铃有点坐不住了，书包里的小蚕活像在她心里爬来爬去，痒丝丝的。她感觉有两条快要爬到书包外面来了，又感觉有一条大的压在另一条小的身上，小的那一条被压得吱哇乱叫。她忍不住伸手到课桌下的书包里摸，摸到口袋拖出来看，确信没有问题，才放下心来，把口袋送回书包。"金铃！"张老师冷不丁叫了一声。金铃的身子本能地一跳，头从抽屉里慌慌张张地抽出来，挤出一脸灿烂的笑容……

师：金铃的书包里藏了什么秘密？

生：一袋蚕宝宝。

师：此时此刻的金铃，她的身上发生了怎样的变化？

生：书包不敢背了，而是用胳膊小心抱住，像抱一只随时都会被压碎的薄胎花瓶。

师：从"背"到"抱"，变得小心翼翼。（板书：动作变化）金铃在动作上还有哪些变化？

生：上课了，"她忍不住伸手到课桌下的书包里摸，摸到口袋拖出来看，确信没有问题，才放下心来，把口袋送回书包"。

师：书包里有秘密，金铃变得鬼鬼祟祟！还有吗？

生：张老师冷不丁叫了一声她的名字，"金铃的身子本能地一跳，头从抽屉里慌慌张张地抽出来，挤出一脸灿烂的笑容……"

师：这句话除了有动作变化，还有——

生：表情变化！"慌慌张张""一脸灿烂的笑容"写出了金铃遮掩秘密时尴尬的表情。

师：（板书：表情变化）此时的金铃成了惊弓之鸟！除了动作、表情之外，金铃身上还有哪些变化？

生：原本的金铃能言善辩，可是遇到了英语老师，却是"支支吾吾，自己也不知道答了句什么"。

师：有点前言不搭后语！（板书：语言变化）金铃身上还有变化吗？

生："第一节课是数学课，讲应用题。金铃有点坐不住了，书包里的小蚕活像在她心里爬来爬去，痒丝丝的。她感觉有两条快要爬到书包外面来了，又感觉有一条大的压在另一条小的身上，小的那一条被压得吱哇乱叫。"这是金铃在心理上的变化。

师：神不守舍，心慌意乱！（板书：心理变化）是呀，书包里有了秘密，金铃像变了个人似的！孩子们，作家告诉我们：要写"秘密"，就要抓住一个人身上的"变化"来写！

同样是动作、神态、语言、心理活动，但是在师生的鲜活对话中，却生成出了"变化"这个重要的知识和技巧，只有把握了"变化"，一个人书包里的"秘密"才会跃然纸上。作为教学内容具体"落点"的文体写作知识，只有通过师生对话中的积极"生产"，才能和写作内容融会贯通，才能真正服务于儿童的言语实践。

九、对自由想象的"放纵"

问语文教师什么样的习作课最好上,他们会不假思索地告诉你是"想象作文";小学阶段,如果问学生什么样的作文最好写,他们会众口一词地说是"想象作文"。想象类习作为什么在小学阶段不约而同地受到师生欢迎?倪文锦先生的一席话,似乎就是问题的答案:"笔者曾在一次小学语文教师的培训中,要求学员提供自己最得意的一次作文课的教学设计或教学实录,交上来的教学设计和教学实录表明,老师一致反映最得意的作文课是想象作文,但同时笔者发现,从这些教学设计和实录中,几乎看不到教师是如何指导学生写的。"[①] 因为想象作文根本就不用"教",儿童天生就会写。

曾经有不少家长骄傲地跟笔者讲,他们的孩子正在写"小说",从具体的文字来看,这些孩子的创作有一个共同点:基本是想象,或穿越时空,或人鬼魔共生,或拯救地球,所有的故事情节不外乎"暴力"与"战争"。这样的孩子在小学不是个案,数量可观,他们的想象还不局限于文字,还有的孩子是通过图画表达的,上课在画,下课在画,画了一本又一本,所有的场景都是宇宙空间,所有的人物都是机器人。笔者曾经进行过一次"我的卡通我做主"的主题习作活动,让孩子设计一个卡通人物,然后为他们写一个新故事,结果也大抵如此:

生1:我设计的卡通人物叫"宇宙×战士"。他有三只眼睛,能够识别一切隐藏在我身边的危险;他身着一身金色的铠甲,就是最先进的激光也别想打穿它。一次,宇宙中一个最坏的怪兽来到了地球,把地球几乎给破坏掉了,这时,宇宙×战士和我骑着天马在空中出现了。宇宙×战士先用出他的天马拳,打掉了怪兽一颗牙齿,怪兽发火了,使出自己的高能量激光枪,只听"嗖嗖嗖",数百颗子弹射了过来。宇宙×战士也不甘示弱,用自己的高强度盾牌来阻挡。就这样,和怪兽打了几百回合,终于打了一个平手。最

[①] 倪文锦.关于写作教学有效性的思考[J].课程·教材·教法,2009(3).

后宇宙×战士把怪兽甩向天空，亮出他的最大法宝——穿天神剑，把怪兽一分为二。

生2：它的头发直冲云天，它的脸很奇特，是三角形的，身上穿一件带"龟"字的衣服，你知道它是谁吗？它就是我心中的卡通偶像——"龟仙"，它最厉害的绝招是"界王拳"。一天，赛亚人突然攻击地球，龟仙不顾我的劝阻，挺身而出，它挥舞"界王拳"，一道道光波迅速像四周扩散，光波中的赛亚人顿时化成了一阵阵烟雾……

现在有不少学界专家盛赞想象作文的好处，倡导小学阶段多写想象作文，但是由于语文教师在儿童想象过程中的"不作为"，以及对儿童自由想象的"放纵"，想象作文成了儿童逃离现实的、不自由的世界的一种手段。正如蒙台梭利所言：神游是一种逃避，一种躲避，它代表一种无意识的自我防御，自我逃离苦难或危险，把自己躲藏在一个面具和假象之后，逃进游戏和幻想世界以掩饰自己已经分裂的心力。①

因此，对于想象类习作教学，教师不能一放了之，需要在内容上进行关注，不能一味地推动儿童向着"暴力""战争"的方向去言说，更重要的是习作技术上的引领，譬如想象的合理性，至少让儿童懂得想象要符合"物性"。一只"苹果"在童话世界里，它不能长翅膀在空中飞，不能在火中经历烤，更不能长腿奔跑，它所有的运动只能靠在地上滚，在水中漂，被鸟类抓着飞。譬如想象的支架问题，对于怎样让想象更加开阔，必须在思维上加以指导，例如"中心发散式支架""以此类推式支架""情节发展式支架"。这些指导，无非是为儿童想象写作打开另一扇窗户，让想象习作不再是儿童个性逃逸下生长的"野草"，而是童心上美丽"鲜花"的绽放。

十、对习作评价的"消解"

在习作讲评课上，最重要的内容是典型习作的集体评议。教师出示一

---

① 蒙台梭利.童年的秘密［M］.江雪，编译.天津：天津人民出版社，2003.

篇习作，全班同学开始评头论足，语句表意有什么问题，开头结尾有什么问题，细节表达有什么问题，情节前后连贯有什么问题……一篇习作被改得面目全非，习作的作者被批得灰头土脸，习作课被整得鸡零狗碎。一堂习作讲评课上下来，在场的儿童看似收获满满，其实一些最值得关注的问题已经被这一地鸡毛式的课堂给消解了，转移了。

梁启超有段论述颇为经典："文章一部分是结构，一部分是修辞，前者名文章结构学，后者名修辞学。文章好不好，以及能够感人与否，在乎修辞。不过修辞是要有天才，教员只能教学生做文章，不能教学生做好文章。孟子说得好：'大匠能予人以规矩，不能使人巧。'世间懂规矩而不能言巧者有之，万万没有离规矩而能巧者。所能教的只有规矩。现在教中文最大毛病是不言规矩，而专言巧。"[①] 这也就意味着在习作教学中，我们关注的重点应该是做文章的"规矩"，即习作的"结构"，王尚文称之为"言语形式"，叶黎明称之为"文体样式"，这不仅仅是一次习作教学的主要内容，更是一次习作讲评课的侧重点。

有的教师认为，习作讲评课我们主要针对的是习作，有什么样的习作，就会有什么样的讲评，因此习作指导课可以不"教"，直接让儿童去写，在儿童写的基础上以"写"定"教"，将习作教学的所有经历放置在讲评环节。对这样的观点，笔者不敢苟同，以为习作讲评课应当有更高的对应点，那就是本次习作的教学内容，这就意味着，要明确在本次训练中教师"教"了什么，儿童围绕着"教"练了什么，这样习作讲评课才会有逻辑起点，即对照教学内容，儿童的习作哪些方面已经达成了，哪些方面还存在着提升的空间。如果我们放手让儿童先去写，不同的儿童在习作中就会呈现出不同的问题。优秀的教师能很快从零散的问题中聚焦教学的重点内容，可是遗憾的是，大多数语文教师还不具备这样的教学素养，无论是表达结构问题，还是文章修辞问题，都疲于应付，头痛医头，脚痛医脚，甚至一篇一议，一堂习作讲评课，就在这点点滴滴的小问题、小毛病的评议和修正中过去了。因此先"写"后"教"、以"写"定"教"在面上实施，面临的教学风险很大。

---

① 梁启超. 中学以上作文教学法 [M]. 北京：首都经济贸易大学出版社，2012.

因此，我们还必须回到从"指导课"到"讲评课"这样的习作教学逻辑上来，围绕着习作的言语结构（言语形式）"教"什么，儿童的习作就围绕着教学内容"练"什么，习作讲评课则集中注意力去"评"什么，以聚焦教学内容为主轴的习作教学，才会做到一教一练，一练一得。只有这样，每个语文教师才能上出充满实效的习作指导课和习作讲评课。

以上种种"原罪"在当前的习作教学中屡见不鲜，甚至成为教学常态，可是正是这些问题，让我们的教学努力付之东流。习作教学要提高效率，必先回到科学的写作课程视野中来，回到真正的儿童文化中来，回到建构教学内容的基本问题上，避免教学行动的随性化与经验化，这样一来习作教学富有实效的春天才会到来。

童化作文为何而来？

童化作文的本质指向儿童——它始终站在儿童立场上，还原儿童的一切，基于儿童的一切，为了儿童的一切；童化作文的本体是作文——化儿童的需要为作文的需要，儿童的阅读、儿童的游戏、儿童的体验、儿童的想象、儿童的时尚等，都可以化为习作的不竭源泉。童化到底有着怎样的教学意味？意味着什么？

童化是"融化"。走向儿童的习作教学不是儿童与习作的简单叠加，而是儿童与写作在意义层面的相互融渗。童化作文的教学关键在于一个"化"字，化习作于儿童的阅读，化习作于儿童的想象，化阅读于儿童的体验，化阅读于儿童的文化等等。它让习作与儿童的生存、生活、生命融为一体，成为一个精神成长的共同体。这种融化是相互的，对儿童而言，习作教学不再是生命之外的负担，而是生命之内的交流和分享，是儿童生活中的一种快乐有趣的言语交往方式；对习作教学而言，儿童是习作教学的主体，儿童是习作教学的资源，儿童的成长是习作教学的价值。

童化是"活化"。当下的习作教学，主要凭借是教材中的习作训练，一单元一练。作为教材，这样编排自然有合理的一面；但如果不在童年的场景中加以"活化"，习作教学就会与儿童的生活、儿童的情趣渐行渐远。一方面，教材上的习作内容只讲究"面"上的适合，常常与"点"上的儿童生活不相关联。作为个体的儿童，每天都有新的故事发生，故事的主角就是自己，而这些充满生命气息、闪烁个性光芒的生活故事，常常因为教材的限制、教学的局碍，被排除在习作教学的大门之外。写作在儿童的意识中就是为了"编造另外一个'他'"。因为不在"我"的生活视野中，写作就成了搜肠刮肚。因此，习作教学需要注入儿童鲜活的"即时性"生活。另一方面，教材中习作内容充其量就是一个教材素材，它是成人的"思想制造"，看似"童言稚语"，实质上与真正的儿童言语、儿童文化、儿童情感相去甚远。习作教学就是引入儿童文化的"活水"，以激活教学素材中的儿童因子，从而与儿童的生活实现有机对接。

童化是"转化"。传统的习作教学，始终以明晰的"训练任务"贯穿在教学的过程中。教学的过程其实就是让儿童在教师牵引的被动的语境下，挤压已有的言语累积，其中的苦累是成人世界难以感同身受的。童化作文教学意在转化儿童的写作姿态：在教学层面，以活动为平台，借助"无为"习作情境来遮掩"有为"习作目的，竭力淡化习作教学的痕迹；在儿童表达层面，让儿童体会到写作其实就是一种"交往"——有具体的对象、明确的动机、合适的方式、真实的效果的一种言语对话行为，以"我"的主动姿态，借助丰富的言语向"他"展示美丽的童心世界。在这双重转化下，习作教学就会自然、真实地融汇在儿童的生活世界中，儿童的写作活动就会自觉、自主地构筑在童年的精神世界中。

童化是"催化"。对于习作教学，一个重要的目标就是培养儿童的写作兴趣，在起步阶段，兴趣高于技法。不过，在当下习作教学中，写作兴趣的激发常常不是来自习作活动本身，而是产生于习作活动之外的感官刺激。这种兴趣还没有延伸到儿童写作状态之中，就偃旗息鼓，悄然消退。于是习作教学常常有"善始"，却难得"善终"。童化作文教学，引导儿童关注的是意义层面的写作，而不是功利层面的写作，它注重的是"催化"儿童内在的写作兴趣，并引领写作兴趣不断前行，逐步走向写作情趣——让儿童充分感受到写作是感情的交流，写作是心灵的分享。写作情趣的生成并不是习作教学的终点，更重要的是感性基础上的理性智慧，即写作意识的形成。由兴趣到情趣，乃至意识，这样的过程不是一蹴而就的，而是需要教师站在儿童立场上，慢工微火地去精心"催化"，逐渐让写作走进儿童心灵，成为童年的一种文化自觉。

童化是"优化"。在习作教学中，教师担负着"导写"的功能，儿童的职责就是按照教师的指导去"写"。"子非鱼，安知鱼之乐。"教学过程中，教师始终保持着"隔岸观火"的姿态，无法身临其境地融入儿童真实的写作状态中。童化作文有意改善师生在习作教学中的交往状态，以具体的言语活动为平台，构筑起师生共同的习作生活。在习作过程中，教师与儿童共同生活，相互交流，使师生之间的"教学"关系转变为"对话"关系，打通教师和儿童心灵之间的屏障，架设起一道互信互助的写作桥梁。师生关系的"优化"，使习作教学不再是师生体外的附属，而是心灵之中的诉求，习作教学也真正成为教师和儿童一种富有情趣的精神生活。

童化作文教学对于习作教学，首先是理念层面的深入转化，它在对传统的教学理念进行有效吸收的基础上，汲取当前儿童理论的研究成果，从而使"小学作文"在迈向"儿童写作"的征程上又向前走了几步——

其一，从"传授"走向"经历"。哲学大师卡缪说："请不要走在我的前面，因为我不喜欢去跟随；请不要走在我的后面，因为我不爱充领导；我只期望你与我同行。"这句话可以恰当地表述童化作文教学中教师和儿童的关系：教师在写作过程中，不是在一味地教给孩子什么，要孩子达到什么，而是和孩子一起去"做"什么。孩子需要什么，教师就在习作课上引入什么；孩子喜欢什么，教师就带领孩子去亲历什么；孩子心中蓄积了什么，教师就激发孩子去表达什么。习作的过程，就是师生共同参与、共同经历、共同享受的过程。虽然，教师没有教给孩子具体的习作技巧，但是却让孩子产生了不吐不快的表达冲动，给孩子创造了俯拾皆是的鲜活素材。

其二，从"析出"走向"融解"。在传统的作文教学中，或者当下的不少作文课堂上，教者总是处心积虑地将习作教学从儿童的生活状态中"透析"出来，让习作成为明确的目标和具体的任务，呈现在孩子的面前。如果作为纯粹的知识教学，这也许是必由之路；可是作为具有创造性的写作活动，却需要一个"物我交融"的心理状态和体验过程。儿童的习作就需要儿童的方式，需要营造一个"无为"的情境来遮掩"有为"的习作动机。童化作文竭力淡化作文教学的痕迹，将作文的过程"融解"在儿童实践经历之中，在生动活泼、喜闻乐见的活动中，悄无声息地积累素材，蓄积情感，达到"随风潜入夜，润物细无声"的教学效果。

其三，从"写作"走向"交往"。儿童对"作文"的理解更多的是一项具体的任务：不偏题，写具体，达到400字左右，语句通顺等。为了完成任务，千方百计地去靠近题目，于是出现了套话；绞尽脑汁地编造事件，于是出现了假话；竭尽全力地引用"神圣""崇高"的字眼，于是出现了空话。"任务式"的习作让每个孩子搜肠刮肚，提心吊胆。童化作文则更多地凸现作文的本真——交际，它总是将习作的过程放置在一个互动交往的平台上，或解说，或推荐，或辩论，或发布，将"自闭"的写作引向快乐的分享，让孩子心中的"音符"串成美妙的乐章，将"独白"的写作引向自主的对话，将一个个封闭、孤独的心灵融汇到色彩斑斓的童心世界中。

其四，从"预设"走向"生成"。传统的作文教学都是以"预设"的状态出现在一个固定的时间——每周的作文课、固定的地点——教室。写什么——教师对教材进行精心的演绎，怎么写——例文、下水文对习作目标进行具体的诠释。虽然训练有系统、有条理，但是与儿童认知和情感状态未必协调。童化作文更注重瞬间的"生成"，它即时地把握儿童的兴趣点和兴奋点，充分调动儿童的多种感官，去体验，去实践，去想象，不受时间和空间的影响。只要儿童有感受，可以随机调整作文课的时间；只要儿童想参与，可以随机将课堂搬出狭窄的教室；只要儿童乐表达，可以随机采取丰富的言语形式。

童化作文历经多年的实践探索，已经将语文课程的"工具性和人文性相统一"的特点阐释得淋漓尽致：它的"童"直指儿童，直面童年，将教学构筑在儿童的精神哲学和鲜活的生活状态之中，让每个孩子的童性在写作中得到关注和呵护，这就是童化作文高擎的人文性大旗；它的"化"就是不放弃教学指导，让习作教学充满技术含量，努力以最精准的习作知识、最自然最柔软的知识教学方式推动儿童言语素养的提升，这就是童化作文孜孜以求的实践价值。

第二辑
学生爱上童化作文的理由

- 用"我"的方式学写作
- "我"的一切都在写作中
- 写作就是表达"我"的诉求
- 写作就是书写"我"的童史
- 精准知识让"我"的语力倍增
- 习作教材为"我"而变形
- 博客成就"我"的作家梦
- "我"的优秀有标准

用"我"的方式学写作

《国家中长期教育改革和发展规划纲要（2010—2020年）》提出："尊重教育规律和学生身心发展规律，为每个学生提供适合的教育。"这让当前的教育教学改革有了一个明晰的走向。以儿童写作为核心的童化作文教学，一直以来尝试构建适合儿童言语和精神的习作教学：营造适合的写作情境，让每一个儿童有滋有味地进入写作状态；共创适合的写作内容，让每一个儿童乐此不疲地参与写作活动；寻找适合的写作方式，让每一个儿童不折不扣地展示自我。适合儿童的习作教学，使每一个儿童从言语表现中品味到童年的幸福滋味，在言语交往中过上有尊严的写作生活。

一、适合的写作生活：基于童年文化的教学情境

当下的习作教学中，为了调动儿童的写作兴趣，教师不遗余力地营造教学情境，虽然也给儿童的感官带来了快感，对写作也产生了一定的功效，但是值得深思的是，这种为了写作和教学而"制造"出来的"人为生活"，未必能达到"为人"的目的。如果站在儿童的言语和精神成长的高度来审视，这样的"人造风景"就显得捉襟见肘了。赞科夫说："如果真正的、广阔的生活冲进教室的门而来到课堂上，教室的天地就广阔了。"何谓"真正的、广阔的生活"？笔者以为，对于场景中的儿童来说，是契合儿童文化的生活，是适合儿童生命成长的生活。走向儿童的习作教学，要竭力生成这样的生活情境，让教学成为儿童生命成长的重要方式，让课堂成为儿童的精神家园。童化作文主要为儿童营造这样的三种习作生活——

1. 童话生活

童话对儿童来说具有重要的发展价值，对于父母和教师来说具有重要的教育学意义。童话与儿童的精神世界是非常契合的，我们应当为儿童多提供一些接触童话的机会。教育要走向儿童，童话是一座理想的桥梁。习作教学抵达儿童精神世界，要成为真正意义上的童化作文，就需要在儿童和习作教学之间构建一种童话生活。苏霍姆林斯基的《蓝天下的学校》有一段这样的描述——

我们向葡萄园走去……孩子们被自然景色所吸引，都安静了下来……大地表面——田野、草地、大路，似乎在透明的热气中颤动，阳光照射在树木上好像满树都有火花在闪烁。

"太阳在洒火花呢。"卡佳低声说。

孩子们全神贯注地观赏着景色，我便给他们讲起太阳的故事。"是的，孩子们，卡佳说得好：太阳在洒火花。太阳住在高高的天上。它有两个巨人铁匠和一座金砧……"我一边讲故事，一边把它画出来，画册的白纸上出现了那些幻想的形象：两个巨人铁匠站在金砧两旁，铁锤下银火星四处飞溅。孩子们被这奇幻的世界所吸引，他们听着故事，好像生怕打破这一片寂静，驱散这迷人的幻景。

在这童话般的教学生活之后，苏霍姆林斯基说："没有童话，没有活跃的想象，孩子就无法生活，没有童话，周围的世界对于他就会变成虽说是美的但却是画在画布上的画了；童话却能赋予这幅画以生命。"[1]这虽然是儿童刚入学的第一课，但是童话却让教学充满了神奇的"魔力"。如果将这种童话的精神和哲学构筑在习作教学之中，它的内在品质就会发生明显的变化：一方面生成润泽的"习作场域"。自然生活的宽广与丰富、儿童世界的梦想与情趣、教学场域的规范与引领，有机地融会在一起，改善了儿童步入习作教学的姿态，激活了儿童灵动的语言。另一方面生成鲜活的"角色情境"。

---

[1] 蔡汀，等.苏霍姆林斯基选集（第3卷）[M].北京：教育科学出版社，2001.

童话生活的构建总是基于一定的角色情境。写作就是儿童之间的角色体验，就是角色之间言语的交往。让儿童成为童话故事中的角色，不仅可以给儿童找到一个鲜明的表达对象，还可以激荡起儿童的言语源泉，写作的生涩就会自然转化为交往的自如。

2. 游戏生活

"游戏，作为儿童生活和儿童文化的一个自然而重要的组成部分，并不仅仅意味着'玩'，甚至也并不仅仅是儿童用以了解他生活于其中的世界的手段，它实际上是儿童存在的一种形式，儿童生存的一种状态。"[①] 习作教学要适合儿童，走上"童化"之路，就应当保持一种"游戏状态"！首先，游戏精神与儿童的写作方式原本一脉相承。弗洛伊德说过："每一个儿童正在做游戏的行为，看上去都像一个正在展开想象的诗人，你看，他们不是在重新安排周围的世界，使它以一种自己更喜欢的新的面貌呈现出来吗？"由此可见，游戏是儿童创造、自由的个性得以显现的重要途径，更是儿童深入骨髓的一种精神。儿童的写作无不是这种自由、创造精神的体现。其次，游戏内容是天然的习作教学资源。游戏是儿童当下的"即时性"生活，它饱含着儿童的快乐情感、鲜活体验，是习作教学不可或缺的"源头活水"。儿童的游戏在不断生成，习作教学的资源也在不断拓展，可以说游戏的精神与儿童写作的内涵相互包容，游戏的内容与童化作文的外延相互交叉。我一直坚守着这样的理念：一堂好的习作课应当与儿童的游戏一起发生。

3. 活动生活

因为儿童自觉的理性意识以及抽象概括能力不发达或不成熟，相应地，感觉投入、动作参与、身体的直接体验则是他联结自我与外部世界的基本方式。因此日本教育家小原国芳说："'动'的确是儿童的本性。如果将这种活动能力旺盛的、冲动力丰富的，而且快乐的、美好的、幻想的、生机勃勃的、心胸坦率的儿童时代，按照'大人'的模式加以规范的话，那么孩子就不成为完全的孩子。"走向儿童的习作教学，就是要营造适合儿童的"活动本性"的教学生活，通过具体的活动让儿童的感官回归到生活状态，通过活

---

① 边霞.论儿童文化的基本特征［J］.学前教育研究，2000（1）.

动丰盈儿童的习作体验,通过活动为习作教学搭建起一个动感开阔的平台,通过活动在师生之间构筑起共同的言语世界。走向"童化"的习作教学就是以儿童活动为主线的教学,寓习作兴趣激发于活动中,寓习作知识传授于活动中,寓习作技能训练于活动中,寓习作交流于活动中,让儿童在充分的活动中历练言语的翅膀。需要强调的是活动内在于习作教学之中,基于教师引领,是以言语为载体的,是与习作教学过程同构共生的。

活动生活解放了儿童的肢体,游戏生活解放了儿童的精神,童话生活则给儿童营造了一个鲜活的表达情境,这三种生活互融互渗、相辅相成,构成了童化作文教学丰盈而温润的文化母体。在这样的母体中,儿童就是一粒粒获得滋养力的种子,言语就是潜藏在种子中期待勃发的枝叶。

二、适合的言语频道:基于儿童生命的课程构筑

适合的写作情境,只是习作教学一个融洽的场域,更关键的在于为每一个儿童搜寻到一个适合的言语频道。长期以来,我们的习作教学一直处于"教"的自恋状态,总是将儿童当作一个对写作手足无措的无知者,从而使教学一直高高在上,与儿童真实的生命世界相悖离,让生活慢慢剥离了儿童的文字,让言语逐渐背叛了儿童的精神,让习作教学由应有的"梯子"功能异化为"罩子"的效应。因此,以儿童写作为核心价值的习作教学,必须回归到儿童的立场上来,从儿童精神中基本的童年言语共性出发,去构筑激荡儿童心灵、对应儿童生活、丰富儿童交往、完善童年世界的习作课程。

1. 通往儿童心灵的言语密码

作为成人的语文教师,在教儿童写作时,需要了解儿童的言语心理和结构,必须熟练掌握和儿童精神沟通的"基本言语",这是与儿童沟通的一个重要的"言语密码",也是打开儿童言语世界的一把"金钥匙"。其实,儿童的言语和精神在本质上没有差异,而产生写作表现差异的最根本原因在于:教学作用于言语个体,是否拨动他们心灵的竖琴,是否搜索到各自相应的言语通道,是否照射到蛰伏在个体心灵深处曾经的生活世界。基于对童化作文的研究,笔者发现走进儿童言语和心灵世界的密码有六个字:

一是"我"。写作其实就是一个人言语欲求的自我实现，也是一个言语生命历程的证明。写作其实就是写自己，走进"我"，就是将教学带进一个鲜活绚丽的世界；打开"我"，就是将儿童带进一个亲切自然、一触即发的言语场域。走向儿童的习作教学，要让教学真实而质朴地去面对每一个儿童的生命个体，让他们真切地感受到教学与"我"有关，写作就是从"我"开始，言语就是为了表现我的经历、我的想象、我的情感。儿童不喜欢的习作、不喜欢的习作教学，常常就是将"我"束之高阁、将"我"置若罔闻、将"我"与写作割裂开来的教学。同时"我"的缺席，让写作的成果变得空洞虚无，让言语交往成为自说自话。"人的言语欲求、言语意识、言语才情、言语智慧、言语能力、言语抱负和言语信仰，是从每一个鲜活自由的内在生命中成长、绽放出来的花朵。"① 没有"我"生命痕迹的习作教学，只是为了"训练"儿童的言语和思维，只会与童年擦肩而过，永远不会与童年世界响应，永远也别指望会积淀成为一个人的言语能力和智慧。

二是"梦"。儿童其实就生活在"梦"的世界里，他们的游戏中有"梦"，他们的涂鸦中有"梦"，他们的交往中有"梦"，他们阅读的童话、神话、儿歌中有"梦"，甚至他们的思维中也潜藏着"梦"的印记。"梦"与儿童如影随形，"梦"给了儿童诗意，给了儿童自由，更给儿童带来了一个无限开阔的世界。"梦"也是儿童精神的重要载体。荣格说："他以为它只是想象中的产物；其实这个角色是以隐秘的方式塑造了自身。"而弗洛伊德说得更直接："梦是愿望的达成。"由此可见，"梦"是儿童精神的一种外显，它承载着儿童的潜在心理欲求，是儿童精神的存在状态，是儿童把握和理解世界的重要方式，是儿童精神生活的重要组成部分。因此"梦"是到达儿童言语和精神深处最适切的语言，习作教学要引燃和激活儿童心中的"梦想"，关注和开掘儿童现实中的"梦境"，表现和达成儿童精神中的"梦幻"。

三是"隐"。在成人文化为主导的社会里，儿童的精神一直处于"隐匿"的状态。唐代诗人白居易《池上》一诗写得特别有意味："小娃撑小艇，偷采白莲回。不解藏踪迹，浮萍一道开。"一个"偷"字将小娃身上的童性演

---

① 潘新和. 语文表现与存在 [M]. 福州：福建人民出版社，2004.

绎得恣意烂漫、淋漓尽致。古往今来，"隐"是中国儿童的一种精神特质，是儿童抗拒成人世界的一种别样方式，也凸显了儿童精神中对神秘力量的一种渴望与追寻。在一个儿童的成长过程中，对成人世界的顺从和叛逆从来都是同构共生的，可以这样说，每一个孩子都有"隐"的经历——偷吃零食，偷看课外书，偷打游戏，偷看电视，偷玩玩具……"隐"在每个儿童的日常生活中俯拾皆是，已经纵横童年时空。因此，"隐"在童年历程中会成就一个个具有永恒回味价值的"历史典故"，在习作教学中成为一座生生不息、永不枯竭的"资源富矿"。作为教师，要摒弃道德说教的面孔，真心诚意地理解"隐"，宽容体贴地尊重"隐"，巧妙多元地利用"隐"，以此缩短与儿童的文化距离，消解儿童的精神遮蔽，打开儿童的言语枷锁，还原儿童的言语天性，让童年的纯真天性释放为汩汩而透亮的文字。

四是"炫"。身处网络时代的儿童，游戏的天性显得愈发强烈。正襟危坐的写作时代已经被彻底颠覆，变得一去而不复返。"有意思胜过有意义"，要求习作教学除了写作内容具有吸引力以外，还需要写作教学的过程充满鲜明的游戏色彩，教学开始能一下子吸引儿童的眼球，教学过程能渐渐照亮儿童生活，教学结束能使儿童的言语和精神顿时变得敞亮起来。作为教师，在儿童进入写作、学习写作的初级阶段，要懂得迁就儿童的情趣，在教学中甚至要放大儿童的情趣，要努力在习作教学的各个环节创造出充满童真童趣的活动细节和游戏情境，将儿童裹挟其中，使其欲罢不能。不过，这个"炫"是有艺术的，有活力的：一方面能迅速将儿童当下的现实生活和可能生活链接起来，另一方面能将儿童的文字表现欲望召唤出来，同时能让儿童始终兴味盎然地参与到习作教学的全程之中。否则"炫"就会等同于昙花一现的"噱头"。同时，这个"炫"也是有界限的，有原则的：教学形式应当服从于教学内容，教学形式应当服务于教学效果；教学活动应当遵循写作规律，教学情境应当激活儿童内在的写作动力。面向儿童的习作教学要从儿童出发，但是一味地迎合儿童，就是对童性的另一种戕害，正如蒙台梭利所言："当儿童还没有发展起来控制能力的时候，'让儿童想干什么就干什么'便与自由的观念相违背。"

五是"奇"。余华在《兄弟》的后记中这样写道："写作就是这样奇妙，从狭窄开始往往写出宽广，从宽广开始反而写出狭窄……所以耶稣说：'你们要走窄门'。"这里的"狭窄"其实就是"奇"。传统的习作教学比较讲究铺陈，喜欢选择宏大的习作主题，这不仅与儿童真实而个性的生活难以融会贯通，而且指导起来也笼而统之，难以接到"地气"。面向儿童的习作教学"奇"在形式上不拘一格——匍匐在儿童生活中，甚至潜入到儿童文化的土壤里，选择一个细微而稀奇的"点"丢进儿童心湖中，一下子"惊"起层层波澜，使得无数沉睡在"湖底"的潜流也蠢蠢欲动，相互呼应，直至涌出湖面，形成波澜壮阔的课堂景观。"文喜看山不喜平"，同样，深处童年的儿童更喜欢平地惊雷，他们期望习作教学能在意想不到的时间悄然进入，在意料之外的地点蓦然出现，在不知不觉的情境中诉诸文字。习作教学的"奇"还在于内容上让儿童"惊奇"——习作教学竟然和我的生活这么接近，这样的"淘"的经历竟然也能写，原来写习作就是毫不遮掩地写自己所见所闻、所作所为。一个看似"开阔"的教学指导，却常常让儿童的言语和精神裹足不前；而一个看似"狭窄"的教学起点，却能将儿童的言语和精神引向一个开阔的天地。

六是"味"。复旦大学葛剑雄教授说："在西方国家，只有政客需要双重人格，心里想的是一回事，可是嘴上必须说政治正确的话。但是在中国，连小学生也得具备双重人格。如果作文写了'我不喜欢世博会，挤死了'，这篇作文很可能不及格。"[1] 让孩子不说孩子的话，这是童年的异化，更是一个孩子身上童年味道的严重流逝。不少成人看儿童，常常看到的是儿童身上快乐的"甜味"——有享受不尽的零食，有源源不断的玩具，有自由自在的游戏空间；可是却很少看到儿童身上的"苦味"——成长的挫折和烦恼，周遭的圈养和误解，心愿的拒绝和篡改。所以，一个完整的童年始终不能完整地展现在成人的认知视野中，当然也难以进入弘扬主流文化的教育教学领域。儿童研究学者陈恩黎说："童年的世界柔软而坚硬，清澈而混沌，它孕育了人类的美好，也孕育了人类的邪恶。童真世界的舞台依旧演绎着人性的复杂

---

[1] 钟禾.一针见血[J].杂文选刊，2011（1）.

和世间的万象。"① 因此，习作教学除了要面向童年的"甜味"之外，还要关注儿童的"苦难"：要选准入口地触摸，要感同身受地体味，要身临其境地引导描述，要心平气和地做好疏导，将儿童引向一个敞亮而澄明的言语通道。面向儿童的习作教学是有滋有味的教学，是酸甜苦辣交融的有情味的教学，更是体味儿童心灵呼唤的应答性教学。

尊重儿童，就需要理解儿童文化；面向儿童，就需要掌握打开儿童心灵的秘诀；适合儿童，就需要寻求到适合儿童精神的言语密码。"我""梦""隐""炫""奇""味"就是构成童年言语密码的"基础语言"，只要因时应势，自然组合，儿童写作的教学之门就能应然开启。

2. 通向儿童言语的课程架构

走向儿童的言语和精神的习作教学不仅是一种教育理念和教学姿态，更是一项契合"儿童大纲"②的课程构建。童化作文历经多年实践，从儿童文化和写作课程的双维视野，尝试架构出适合儿童生命成长的习作课程。整个课程以"儿童写作"为核心价值观，主要分"童年的风景""童年的秘密""童年的游戏""童年的梦想"等四大单元，共二十一个成系列的、丰富而开阔的写作内容。

这套写作课程的编排和实施过程，不是简单的"教者自觉"，也不是一味地"儿童自适"，而是教师与儿童、教材与生活、阅读与写作、他助与自主等多项要素的互动与对流，从而形成了儿童"在场"的、充盈生机与活力的写作课程体系。

（1）教材生活对流。关注儿童生活，并不意味着对语文教材中的习作训练的放逐。童化作文视教材为一份良好的教学资源，做到课内课外打通、教材生活兼顾。儿童写作课程是系列的，每一个系列其实就是一个完整的写作主题单元，不同类型的习作在一个主题的统整下，有机融合在系统之中，相互补充，相得益彰。儿童写作课程可以从教材出发，主动去链接儿童相关或相似的生活，去开掘儿童可能的生活，不断拓展写作空间；也可以以儿童生

---

① 陈恩黎. 童年的另类书写[J]. 当代文坛，2003（3）.
② 余震球. 维果茨基教育论著选[M]. 天津：人民教育出版社，1994.

活为源头,用"童年尺码"去丈量教材,改造教材,打通教材,通过优化整合,为儿童创造更适合、更润泽的写作生活。

(2)教师儿童同构。意大利"方案教学"的领路人马拉古奇和他的团队主张:教师应当尊重儿童的自发探索活动,教育的内容不再由教师一方单独设计,而是教师根据儿童的兴趣与儿童一起编制儿童活动的"方案",以真正保障教学内容的大纲和儿童发展的大纲的一致性。① 儿童写作课程亦是如此:在一个写作单元的谋划阶段,童化作文总是向儿童了解最近表达需求;在此基础上,共同商议在本单元中需要完成的习作内容;最后形成一个整体圆融、题材互补、结构多元的训练系统。课程,因为儿童的参与,"被写作"倾向已经完全被扭转;因为儿童的融入,内容变得丰富而开阔,鲜活而动感;因为儿童的自主,写作立场和需要发生了质的飞跃,每一次写作终结自然而然成为下一次写作的开始。可以说,儿童写作课程,是教师和儿童共同用生活和生命构筑的话语世界。

(3)多维时空贯通。童化作文认为,习作教学只面对儿童当下生活,只满足当下的需求,是片面而功利的,而应当将课程的触角向前回溯到儿童生命起源,向后延伸到儿童未来可能的生活。这样的童年写作才算是完整的,这样的童年写作才能称得上记录童年的历史。在"名字的故事系列"写作单元中,"我的名字诞生记"就是用写作带领儿童一起寻找曾经发生的、不可缺失的那一段历史;"我的名字变迁记",则是展现"乳名"到"学名"再到"绰号"这一段历程,将过去到当下这一段成长轨迹进行梳理和编织;"网名记"则面向未来,生活在信息时代,网名已经成为所有儿童未来生活一个必不可少的虚拟标识,起什么样的网名,为什么而取网名,都有一定的意识指向,写作就是对未来可能的生活的展望。不仅如此,在儿童写作课程中,每一个写作系列单元都是这样立体铺展、多维交互的。

(4)个体聚合群体。儿童写作的原点是"我",随着课程的延展,"我"的空间也在不断苏醒,不断发现,不断开掘,逐步将割裂的"童年岛屿"慢慢聚拢,逐渐汇聚成一片"童年大陆"。不被发现,不被重视,不被呵护,

---

① 刘晓东.学前教育的"大纲"应当符合儿童的"大纲"[J].学前教育研究,2001(6).

是当下童年生态的"硬伤"。儿童写作课程旨在让拥有共同尺码的儿童"集聚"在一起，走向一个敞亮明媚的言语世界：因为交流，可以看到更加丰富的童年世界；因为交互，可以互相召唤和点燃沉睡的生活；因为交往，可以找到更加适合的言语对象；因为交融，可以过一种共同的童年言语生活。儿童写作课程遵循童年法则，倡导用"童话"写作，是一片适合儿童言语和精神茁壮生长的生命大陆。

以儿童写作为核心的习作教学课程，正是将"教学大纲"努力向"儿童大纲"靠拢，并且转化为儿童可以接受的大纲，最终成为儿童自己的大纲。

三、适合的指导方式：关于儿童写作的隐喻

现在有不少观点旗帜鲜明地反对作前指导，认为这是挤压儿童的自由表达的空间。笔者不以为然，认为这样的理解有失偏颇。如果没有作前指导，"习作教学"就会沦为"作文教学"，习作教学的"儿童写作"本质就不能很好地得以彰显。因此，童化作文认为问题讨论的核心不是要不要作前指导，而是需要怎样的作前指导，进而言之，什么样的作前指导才能适合儿童的言语和精神之门的开启。

1."丑小鸭"的隐喻

安徒生的童话《丑小鸭》每个人都耳熟能详。故事的主角丑小鸭出生在一个鸭子的家庭，兄弟姐妹都长着一身金灿灿的羽毛，而它却与众不同，浑身黑黝黝的，因此不受大家的欢迎，十分自卑。后来，它历经许多磨难，终于如愿以偿，成为一只美丽的白天鹅。笔者认为这不仅是一个童话故事，更是一个现实传奇。鸭子无论有多大的梦想，终究是鸭子；丑小鸭能成为天鹅，因为它原本就是一只天鹅。因为天鹅的禀赋，它在鸭群中显得不和谐，甚至是丑陋的；因为离开了鸭群，它的天鹅本性才得以留存和发展。其实儿童写作的初期，在成人眼里，就是一只浑身都是毛病的"丑小鸭"——语言拙稚，病句连连，语序混乱。于是传统的习作教学就像好心的"鸭妈妈"，拼命将他们向"鸭"的方向去引领，结果"天鹅"的本性被渐渐消磨，最终沦为名副其实的言语"鸭子"。以儿童写作为内质的习作教学，首先就要认

清儿童"天鹅"的言语天赋潜质,并且懂得用"慢教育"的原则,去发现和感受他们的"缪斯本性",以足够的耐心去等待儿童言语和精神的丰满与圆润。我们确信"所有的孩子都是言语天才"①,习作教学的"教"就是对儿童言语天赋的承认和赞赏,就是一种耐心的开掘和等待。

2."病梅馆"的隐喻

清人龚自珍的《病梅馆记》讲了一些文人画士认为"梅以曲为美,直则无姿;以欹为美,正则无景;以疏为美,密则无态",引得一些"鬻梅者""斫其正,养其旁条,删其密,夭其稚枝,锄其直,遏其生气,以求重价",一时间"江浙之梅皆病"。这样的病态审美心理,长期以来主宰习作教学,认为儿童是天生的"言语病"患者,习作教学就是一种缺陷的矫正,就是一种规范的养成。教学的结果是儿童自身的言语个性和天性丧失殆尽,成为一株株会说规范、正确的言语的"病梅"。适合儿童的习作教学就是打破这种"学说规范话"的传统教学格局,让习作教学"纵之顺之,毁其盆,悉埋于地,解其棕缚",还儿童本来的言语风貌,沿着儿童自然的言语和精神出发,不断生长言语技能,不断生成言语智慧。所以说,习作教学的"教"就是一种对儿童言语和精神的"纵"和"顺",就是"解其棕缚"。

3."郭橐驼种树"的隐喻

柳宗元散文中职业种树者郭橐驼的植树之道耐人寻味:在种植时做到"其本欲舒,其培欲平,其土欲故,其筑欲密";树木的管理则"勿动勿虑,去不复顾"。其实这样的"植树之道"对适合儿童的习作教学有着借鉴意义:"其本欲舒",意在解放儿童的身体和感官,让儿童与周围的世界充分接触;"其培欲平",意在写作指导要深入浅出,要适合儿童的认知和接受程度;"其土欲故",意在习作教学要扎根儿童文化的土壤,写作内容展现儿童生活,写作方式凸显儿童的视角;"其筑欲密",意在习作教学对儿童言语和精神的精心呵护,悉心守护。而"勿动勿虑,去不复顾"则体现出习作教学中"指导"和"写作"之间的关系:"指导"要为"写作"留有空间,不要过多而人为地干扰儿童的言语生态和生长规律。《种树郭橐驼传》让我们懂

---

① 潘新和.让言语天才成为真天才[J].中学语文教学参考,2008(5).

得了习作教学中的疏密之道：在儿童写作的起始阶段，要宜"细"——遵循自然本真的"童道"，让儿童的每一寸肌肤都能触及儿童文化的土壤；在儿童的言语和精神生长阶段，要宜"粗"——坚守规律性的"语道"，拒绝干扰，让儿童的言语精神自由率性地生长。

4."混沌凿窍"的隐喻

庄子的寓言《混沌凿窍》中讲：中央之帝混沌无七窍，其友南海之帝倏和北海之帝忽，为报混沌之恩，为其凿七窍。混沌七日而死。"混沌"的悲剧源自好友"倏"和"忽"好为人师，为了追求局部的统一，而忽视了整体的生态协调。这样的悲剧在当下的习作教学中并不鲜见：一些语文教师为了让儿童"言语优美"，而逼迫他们积累大量的好词佳句，导致写作成了各种范文的大拼凑；为了强调习作"结构严谨"，规定儿童开头和结尾要相互照应，结果一动笔就进入套话的窠臼；为了让儿童会写某种文体，不惜反复训练，如此的重复和机械，让孩子对此望而生畏。这就是为了局部利益，而不惜破坏儿童言语和精神的整体面貌，真有点杀鸡取卵的意味。每一个儿童都是一个协调的言语整体，我们不能为了凸显某一方面的言语表现，肆意开凿，让儿童原本平衡自适的"文心"变得割裂和破碎；每一个儿童都是一个鲜活灵动的言语个体，有各自的言语图式特征，强求群体的同一，势必让儿童的个体言语天赋走向遮蔽和潜藏。因此，儿童写作教学要为守护儿童一颗完整的"文心"而"教"，要为呵护儿童敞亮的言语个性而"教"。

适合儿童的习作教学，一切的出发点和终结点都应该落在儿童的言语和精神成长上。让我们都来做深谙植树之道的"郭橐驼"，在"教"的力量下，让每一个儿童在"丑小鸭"阶段都能保持住内在的"天鹅"本性，最终顺利地成长为"白天鹅"。

一个人的童年是否幸福，取决于他是否接受到适合自己身心发展的教育；一个人的童年是否活得有尊严，源自他童年阶段所受到的教育有无压迫感。以儿童写作为核心的童化作文教学，就是让每个儿童走出童年写作的恐慌，从容自得地为未来的可持续生活孕育一个饱满的"文心"；就是让每个儿童获得身体和精神的舒展，以敞亮的言语确证生命的存在、童年的存在，自然恣意地永葆一颗闪亮的"童心"！

"我"的一切都在写作中

童化作文教学不是儿童与习作的简单叠加,而是在意义层面的相互融渗,相得益彰,其基本策略就是一个"化"字,化习作于儿童的阅读,化习作于儿童的想象,化习作于儿童的体验,化习作于儿童的时尚,化习作于儿童的实践。将习作教学"融化"在儿童生态之中,即儿童的生存、儿童的生活、儿童的生命等应当成为小学童化作文教学最基本、最核心的策略取向。

一、化习作于儿童的阅读

梅子涵先生认为:"儿童应该多亲近文学,尤其是儿童文学作品。儿童文学以善为美,劝人为善,喜欢读童话的孩子通常不会变坏,从小看童话长大的孩子与从没看过童话的孩子有很大不同。"童化作文正是顺延这一思路继续前行,将习作有机地融入孩子的课外阅读中,以读促写,以写引读,不仅对孩子的阅读过程进行了有效的引领,还加深了孩子对作品内涵的领悟,此时的习作成为联结孩子心灵与作品灵魂的桥梁,这是对传统的以文本为中心的"读写结合"教学规律的再发展。

1. "续"写——使故事中有"我"的期待

一篇小说是作者思想的体现,从开头到结尾,都是作者一个人在讲故事。有的故事结局正是大家内心期待的,还有些结局却是我们不愿意看到的,甚至不愿意接受的。当我们读完一部这样的小说,就会按捺不住内心的冲动和渴望,希望乘着小说中的文字继续飞翔,去创造属于我们自己的结尾。例如李凯卫同学读了E·B·怀特的小说《夏洛的网》,觉得不过瘾,重新写了小说的结尾——

当蜘蛛们学会了"写"字……

　　夏洛死后，威尔伯十分痛苦，但它看夏洛的子子孙孙时，又会感到一阵欣慰。毕竟威尔伯本身就很乐观嘛！

　　有一天，威尔伯一边晒太阳，一边欣赏夏洛的第八代子孙织网，它不无遗憾地说："到底是夏洛的后代，网织得又快又好，只是不会在网上织字！"一只蜘蛛听到了威尔伯的叹息，吐出最后一根丝爬下了网，"织字？那简直是天方夜谭！""可是你祖奶奶夏洛却做到了！"威尔伯毫不客气地教训道，"好，从明天起，我就开始教你们织字！"威尔伯坚定而响亮的决定让那些蜘蛛们兴奋得满脸通红，因为从明天起，它们的人生就彻底改变了。

　　第二天太阳一跳起来，整个农场就沸腾了！其他动物也为威尔伯这个想法高兴呢！经过了一个月的"魔鬼训练"，蜘蛛们终于学会了织字！在一天早上，蜘蛛们织的字虽然有些"半生不熟"，而威尔伯却迫不及待地想举行一个展示会，于是就让四只蜘蛛合伙织了"早上好！"三个字加一个感叹号。首先发现的是勒维，他马上又告诉了其他人，一传十，十传百，于是这一爆炸般的消息，不到一天，全城的人都知道了。

　　对于一向高傲自大的人类来说，连动植物有感情都成了奇迹，更何况蜘蛛会织字！报社电台每天的头条新闻都是关于蜘蛛织字的，虽然是千篇一律，却吸引了广大读者。对作家而言，也有了大展拳脚的机会，第一个写"蜘蛛织字"的作家也一炮而红，登上了诺贝尔文学奖的领奖台！对于威尔伯而言，这完全是意料之外的事，它被科学家们带进了宫殿似的"猪圈"，吃到了连人类也享受不到的美食，睡在干净舒适的床上，并且身上连"猪毛"也所剩无几了。研究了几年，这些世界一流的科学家们就是不明白，为什么和威尔伯待在一起的蜘蛛都会织字。那些织字蜘蛛也都被关了起来，可它们在人类千求万拜的情况下，只织了五个字"放我们出去！"

　　威尔伯和那几只蜘蛛每天都要经历几百种实验，它们又悔又恼，痛苦极了！终于在一天，科学家忘了锁笼门，威尔伯悄悄带着蜘蛛们逃离了实验室，还给人类留下了一个天大的悬谜，它们在网上这样写着："蜘蛛织字，因为心中有爱！"

2. "补"写——使故事中有"我"的创造

在小说中，大部分内容意思明确，只要读过，就能心知肚明。可是由于表达需要，还有些地方比较"模糊"，让我们感觉到"不确定"，这样去理解也合情，那样去理解也合理。其实这是作家故意留下的"空白"，这些"空白"召唤着我们去思考，去想象，去用各自的生活经验来"补白"。例如《城南旧事》中关于疯女秀贞和妞儿的悲剧，是通过宋妈和英子妈小声交谈流露的，写得非常含蓄。唐泱泱同学读到这部分，觉得被火车压死的不一定是秀贞和妞儿，因为秀贞和妞儿的命运已经够惨的了，母女刚刚相认，结局不应该是这样的，于是，她对这部分进行了补写——

秀贞妞儿回来了！

"丁零零"，清脆的下课铃声打乱了英子的思绪，她长长地舒了一口气，伸着懒腰走出教室。同班的几个男生在操场上踢足球，她颇有兴致地走过去凑热闹。不巧，方德成本想把球踢给同一组的队员的，可一不小心却踢偏了，球滚向了场外。

英子正愁没事干，捡球或许会是件很好的差事，于是她快步冲上前去，冷不丁被什么东西撞了一下，抬头一看，是一个年轻的女人，她正用一只手挽着一个比英子稍高一些的女孩，后面还跟着一个很强壮的男人。一瞬间，英子突然下意识地感觉这两个女人是多么熟悉，可却怎么也想不起来她们究竟是谁。

这时，那女孩用甜美的声音冲她笑道："英子！猜猜我是谁？"英子仔细地打量着她们，她们的眼睛都特别透亮，眼底下鼻子两边的肉上有两个小漩涡。英子眼前顿时浮现出了两个已经模糊的身影，接着一点点地清晰起来，原来他们正是秀贞和妞儿。她简直不敢相信自己的眼睛，秀贞和妞儿不是都被车压死了吗？难道这是幻觉吗？英子不禁拉住了她们的手。这是真的，她强烈地感受到了她们手上的温度,她情不自禁地扑倒在她们怀里,眼眶里满是晶莹的泪花,嘴里忍不住大喊:"秀贞,妞儿,我好想你们呐!"秀贞一边慈爱地拍打英子抽抽搭搭的肩膀,一边耐心地安慰着她。好一会儿英子才停止了抽泣。这时妞儿指着那个男人对英子说:"英子,这是……"话音未落,英子便迫不及待地说:"这一定就是思康三叔了吧,我常听秀贞阿姨提起您!"四人都哈哈大笑。

随后,英子在与他们的交谈中才明白,原来那天晚上被压死的不是她俩,而是另一对母女,只是被压得面目全非……那晚她们便乘上了火车,并在几天后找到了思康三叔。现在,秀贞的疯病也给治好了呢!更值得高兴的是,秀贞、妞儿和思康三叔都搬到新帘子胡同来住啦!妞儿还打算在英子她们小学读书呢!……

3. "串"写——使故事中有"我"的活动

读着一本爱不释手的小说,你会身临其境:当主人公高兴时,你的嘴角会露出会心的微笑,恨不得"走"进故事中和她(他)热烈地拥抱;当主人公遭遇到不测时,你的手心会情不自禁为他(她)捏一把汗,恨不得立即"飞"进故事中,为他(她)排忧解难,甚至赴汤蹈火;当主人公受到磨难,你会不由得流下同情的泪水,恨不得"跳"进故事中,对里面的坏人进行斥责,不惜展开殊死搏斗。不知不觉中,你已经走进故事中,成为故事中的一个人物。罗晓佳同学读了曹文轩的《青铜葵花》后,特别喜欢书中的"葵花",于是,在葵花独自一人去江南摘银杏的途中,她走进了故事——

江南,我遇到了葵花

我是在船上认识葵花的,当时她正死死地抱住桅杆,还在哭,我不忍心了,便求妈妈别赶她下船,后来我和葵花就成了朋友。

葵花哭完后,我领着她坐在了船甲板上聊起了天。我说:"我叫兰儿,家在稻香渡,妈妈带我去捡银杏换钱给爸爸治病,我爸爸病得很重,我好担心他。"葵花听了,像个大人似的拍拍我的背,说:"别难过,我叫葵花,我住在大麦地,是一个人来的,奶奶生病了,我听人家说捡银杏可以卖到钱,便来了。""你不怕吗?""不怕,因为我知道只要有了钱,奶奶就可以康复了。""真勇敢,给我讲讲你的故事吧?""好啊……"听着听着,我的眼泪便掉了下来,我以为葵花也会跟着伤心,可她却很平静,就像一面宁静的湖面,或许这是种种苦难带给她的勇敢吧!

去江南的路上,我和葵花形影不离,我妈说她太招人怜爱了!我想爸爸了,她会来安慰我;我无聊,她给我讲故事;她还教我认字儿,背古诗……她还会唱歌呢,她唱得歌可好听了,她一张嘴,整个船都会安静下来,只有船桨激起水花的声音,仿佛在为她甜美的嗓音伴奏呢!

可是,到了江南,在我们捡银杏的时候,闹了点矛盾。

葵花眼疾手快,不一会儿,银杏全给她捡光了。我动作有点慢,当赶到时,地上一无所有,可能是救爸爸心急,在妈妈面前说起了她的坏话。妈妈却劈头盖脸地骂了我一顿:"你这孩子,一点都不懂事,人家葵花很可怜,你就让让她呗!她孤身一人,你还有妈妈呀!你怎么这么小气呀!"我不服,越想越生气,于是我决定不和葵花一起玩了,见了她就连忙躲开。葵花很细心,好像发现了什么,但她捡得越发勤快了,我更生气了!好多天后的一个晚上,葵花神神秘秘地拉着我的手说:"兰儿,这是我这么多天帮你捡的银杏,拿着吧!"借着微弱的月光,我看到葵花从身后拿出一袋银杏,一脸严肃,好像很坚定。我一怔,终于明白了她的心,我热泪盈眶,把口袋推向她,哭着说:"葵花,对不起。是我太小气了,你一个人捡这么多,太不容易,我还有妈妈。妈妈说得对,我太不懂事了。"

天下没有不散的筵席,银杏卖了以后,我们终于要分手了。我们抱着哭了好久好久,我从口袋里拿出一个用线编的小鱼给了她,说:"葵花,这是我最珍贵的小鱼,送给你!"她使劲地点点头,也从头上摘下一朵头花递给我:"兰儿,以后可别忘了我呀!"我们的手牵在一起,好久都不愿放开……

她站在岸上,眼角闪着泪花,冲我摇着手,旁边站着她哥哥青铜,我站在甲板上,也含着泪,大喊着再见,船越来越远,他们越来越模糊,最后只能看见一盏在风中摇曳的灯笼……

4. "新"写——使故事中有"我"的生活

有不少小说描写的是很久以前的事,离我们目前的生活很远,如果用现在的眼光去读它,一定会萌生更加新奇的故事。例如小说《三国演义》中的"赤壁之战",如果运用现代军事手段去打这一仗,一定会增添许多新的情趣,也会产生不同于小说的结果,这就叫用"新瓶装老酒",让"老酒"焕发出新的味道。卫晓飞同学读了笛福的《鲁滨逊漂流记》,突发奇想,"绝望岛"如果保存到今天,会是怎样的呢?一定会被开发成旅游胜地,一定会吸引许多游客前来观光,于是就有了这次令人失望的"绝望岛之旅"——

"绝望岛"之旅

话说鲁滨逊漂流的故事被世人知晓后,立刻名声大噪,成为人们的偶像和英雄,又被"好莱坞"请去担任《鲁滨逊漂流记》的男主角,因此一炮走红,荣获"奥斯卡最佳男主角奖",成为新一代影帝!转瞬间,他变成了亿万富翁,于是便在他生活了28个年头的"绝望岛"建立了一个海滨度假村。每年来这儿游玩的人络绎不绝。

终于,我受不了诱惑,乘船来到了"绝望岛"。一下船,鲁滨逊最忠实的仆人星期五便领着我来到了五星级"绝望"大酒店,酒店里富丽堂皇,服务员彬彬有礼,客房舒适无比,让人感到十分惬意。

夜晚,星期五与我共进晚餐,由于我是新来的顾客,店里还免费赠送当年鲁滨逊在荒岛上喝的"青龙出海"汤。当服务员优雅地端来了汤,汤锅一打开,一股清香扑鼻而来,只见一只青瓷器皿里盛着一碗清汤,清汤上漂着一根青葱。"这就是'青龙出海'?"我大吃一惊。星期五"哈哈"笑了起来,原来他跟我开了个玩笑。"青龙出海"是一碗什锦汤,里面有着各式各样的山珍海味,美味至极,让人喝了忘不了。吃完饭,我擦擦嘴准备买单。"先生,共计9897元。""什么?"我大惊失色!"怎么这么贵?""先生,不信你看,'绝望'牌自制全麦面包900,'绝望'牌自酿纯葡萄酒1500,'绝望'牌……"买完单,原来鼓鼓的钱包已经瘦了一圈儿,我真的有点绝望了!

第二天,星期五便带我去钓鱼。只要在1小时之内钓到的鱼都不收费,还可以让酒店厨师为你免费烹饪。为了弥补昨晚的损失,我一个劲儿地钓鱼。可是一条鱼也没有上钩！要吃鱼，当然是付费的，星期五又狠狠地赚了我一笔！

夜晚，在沙滩上举行隆重的篝火晚会。这时鲁滨逊终于出场了，他先是带着大家围着篝火跳舞，不一会儿，便开始签名售书，当然每本书的价钱贵得让人咋舌，尽管如此，还是有一大帮"鲁迷"将他围个水泄不通。

几天下来，口袋渐渐空了，该离开"绝望岛"了，我站在甲板上，望着渐渐远去的"绝望之岛"，心中充满了失望……

曾祥芹先生提出了一个"表达性阅读"的概念，即关注阅读吸收中的倾吐（"以意逆志"），更重视阅读吸收后的倾吐（"以文表心"）；表达既是阅读的必要手段，又是阅读的深化阶段。童化作文正是践行了这一理念，将习作融解在学生的课外文学阅读中，一方面提升了阅读，使学生对文学作品有了发现，有了对话，有了内化；另一方面升华了感悟，一部优秀的儿童文学作品必能让学生的心灵产生强烈的震撼，势必激起他们言说的欲望，此时"写"正是开渠放水，直抒心声。

二、化习作于儿童的游戏

蒙台梭利说，儿童一旦置身于与他们身体相和谐的真实环境中，他们体内的一些出人意料但又清楚无误的活动就似乎在复苏了。与孩子身体相适应的环境其实就是儿童视界中的游戏，从儿童当下的游戏出发，更能调动儿童参与的兴趣，挖掘儿童的内在言语潜能。童化作文教学积极顺应与儿童身体相适应的游戏环境，并以此作为习作教学的逻辑起点：在习作教学前，要从儿童当前最现实的生活出发，找准他们的兴趣点、兴奋点，把准脉搏，最大化地调动他们的参与欲望；在习作教学中，顺势地将儿童游戏引入课堂，竭力放大游戏的功能，让课堂"活"起来，"动"起来，立体地铺展在学生的面前，从而隐匿起作文指导的神圣面孔，以动感的姿态贯穿在儿童的活动、体验、交流之中，让学生的写作活动"飞"起来，"乐"起来。

请看案例《鸡毛毽飞起来》。

1. 由"一地鸡毛"引发的话题

这一节是语文课，我比往常提前了几分钟进教室，看到男同学三个一群，五个一撮，在教室前后拉开了战场，五彩的鸡毛毽上下翻飞，喝彩声一片，讲台偏离了中线，大多数桌椅东倒西歪。这时，上课铃响了，男孩子还意犹未尽，做最后的"挣扎"，直到看到我不悦的脸色，才跌跌撞撞地、满头大汗地回到座位上。拉桌子声、开文具盒声、翻书声让课堂充满了躁动。课堂行进了十分钟后，教室里才有了课堂的生机和活力。

2. 关于"鸡毛毽"命运的辩论

下课铃响了，我放下课本，一本正经地宣布："从今天开始，严禁在课间踢鸡毛毽！"教室里顿时一片哗然，特别是男生，表示出强烈的不满："吴老师，为什么不让我们踢毽子？"而女生弹冠相庆，一片欢跃："吴老师，你早就应该禁止男生在课间踢毽子了！"意见分歧，壁垒分明，我说："这样吧，今晚夜课，不妨以'课间是否可以在教室踢毽子'为题开一个专题辩论会，我想真理会越辩越明！"晚上 6:30，一场关于"鸡毛毽"的男女生辩论赛准时拉开序幕——

郭临风：课间是我们自由支配的时间，吴老师不让我们踢毽子就是侵犯我们人权！

许潇铃：你知道什么叫人权吗？你们男生踢毽子把教室搞得乌烟瘴气，难道不是在侵犯我们女生的人权吗？

沈大林：其实，我不会踢毽子，但是我知道下课踢踢毽子，可以放松紧张的神经，让我们更好地进入下一节课学习。

肖炜：你知道吗，你们的神经"放松"了，可是我们的神经却紧张起来了。你一进教室，首先映入眼帘的不是同学们在做课前准备，而是鸡毛毽子满天飞，上课铃响了，教室里仍然发出各种声音，让老师怎么上课，让我们女生怎么听课！

沈裕华：只能说明你们女生"神经过敏"。你们不是喜欢在课间跳皮筋吗？一下课把走廊围得水泄不通，我们男生可是心胸开阔，向你们女生提过意见吗？

罗晓佳：你说得不错，我们女生是爱跳皮筋，不过是在下午三节课后，我们既没有在教室里跳，破坏大家的学习环境，也没有在上课铃响后匆匆进教室，影响课堂秩序！

一阵唇枪舌剑，"真理"似乎越辩越明，女生的气势渐强，稳稳地占据主动地位！男生的声音渐弱，最后只能是亦步亦趋，此时该我出场了。"听了大家刚才的辩论，我很受教益，既然男同学这么喜欢踢毽子，如果我一下子禁止，确是有些不近情理；不过女同学也说得有道理，踢毽子应当选择合适的时间和地点，让自己的娱乐变成大家的娱乐！"不论男女学生，都点头称是。"为了表彰大家参与这场辩论的热情，我决定在下周一举行一次'男女生鸡毛毽对抗赛'，欢迎大家踊跃参加！"台下欢呼声一片。

3. 别开生面的"鸡毛毽"对抗赛

星期一下午，第一节是体育课，比赛如期进行。比赛以男女生为单位，每组各挑出五名选手，分三个场次进行。第一个场次，单脚踢；第二个场次，双脚踢；第三个场次，花样踢。同时男女双方各派一名现场解说员。一声哨响，比赛正式开始。由于男生经常操练，女生显得不堪一击。第三场"花样踢"，男生大显身手，什么"龙卷风""踢里转""蹬外踩外转"……让大家目不暇接，连一向挑剔男生的女孩子们也不禁鼓起掌来，最后男生大获全胜，大家还评出了"毽侠"和"毽圣"。

4. "鸡毛毽"飞上了习作本

比赛结束后，大家兴高采烈地回到教室，仍然沉醉在比赛的火热氛围中。师生关于写作的对话拉开了序幕——

师：今天开心吗？

生：当然开心！

师：如果将你的快乐与别人分享，你最想告诉他们什么？

生：我想将比赛的经过讲给他们听。

生：我想重点说说"毽侠"和"毽圣"的表演场面。

师："重点"这个词用得好！

生："花样踢"最精彩，我就想说说几种高难度的踢法。

师：下面就请大家把自己想说的写下来吧！在写的过程中，特别要注意：

对于你最感兴趣的内容要重点写，写详细，其他内容简略得写，可以一笔带过。

我作了一些基本的指导后，学生开始了愉快的写作之旅，大约四十分钟左右，学生基本完成了习作，经过相互评改，集体交流，一篇篇佳作闪亮登场。比如成彦晖的《一"毽"高低》。

一"毽"高低

成彦晖

最近我们班正流行一种花样百出的玩意儿——鸡毛毽。只要一下课，同学们便聚集在教室里踢毽子。老师得知此事，决定组织一次踢毽子比赛。一听到这个好消息，全班同学无不欢呼雀跃。

女生和男生经过一番商议之后，每方共推出五名参赛选手，然后让他们各自选择自己的挑战对象。在男生中，焦点都聚集在沈裕华和何盛炜的身上，据男生中消息灵通人士透露，他俩有获胜的"绝招"。当然我们女生也不甘示弱。

经过一番精心准备后，比赛正式开始！第一组"朱梦臻VS何盛炜"。尽管何盛炜的单踢并不是非常厉害，只踢了十几个，可朱梦臻一点也不"争气"，一开场就大败而回，一下子便被男生拉下了一截。第二组肖炜和王震宇比，肖炜是女中豪杰，有她在，不用怕，全体女生都把扳回败局的希望寄托在肖炜身上，可是令人惊讶的是肖炜也没有踢好，只踢了几个便草草收场！终于轮到我踢了，刚开始十分顺利，所有女生都在聚精会神地为我报数，可真是"天有不测风云"，一阵秋风呼呼吹过，倒霉透了，飞起的鸡毛毽再也没有落到我脚上！第一轮女生输了。男生们趾高气扬，而女生却垂头丧气。

第二轮"比拼"双脚踢。虽然女生的顶梁柱——梁晶一连踢了30几对，可是最终寡不敌众，第二轮女生又输了。

接下来的第三轮"花毽对抗"可谓精彩纷呈，不过五位女生全都选择了弃权，变成了男生的表演赛。男生们更开心了，你看他们踢得花样百出，最出风头的当数何盛炜，他先来了个"龙卷风"，然后又来了个"踢里转"：他先用脚踢一下，然后向里转一圈，再用脚稳稳地接住毽子。连女生也不禁暗暗叫好！难度系数最高的就数"蹬外踩外转"了，只见何盛炜把毽子扔到空中,以毽子为中心绕两圈,猛地接住毽子。这一系列动作别说踢了,就是看也感到眼花缭乱!场上立刻爆发出一阵热烈的掌声。

比赛结束了,男生获得了团体冠军,何盛炜被我们封为"花样毽侠",沈裕华则被封为"双单踢毽圣"!这次比赛,女生虽然输了,但是我们心服口服。不过下周要举行"跳橡皮筋"比赛,这可是女生的强项哟,男生们,走着瞧!

刘铁芳博士说:"没有游戏的童年是残缺的,缺少幸福体验的童年是暗淡的。也许,缺少了游戏精神的人生,没有幸福童年体验的人生,注定是沉重的。"这一观念不仅体现着儿童的哲学,更彰显了童化作文的精神诉求。在教学中,我们坚守着这样的理念:其一,一堂好的作文课应当与学生的"游戏"一起发生。只要孩子心中有游戏的诉求,作文课就可以拉开"序幕",搭好"舞台",让孩子的言语自由"舞蹈"。其二,游戏让学生的情感自然恣意,作为教师,应顺势而导,变"无序"为"有序",变"无为"为"有为",让教学资源应然而生,源源不断。作文教学原本就需要儿童的积极的情感来支持,既然我们在游戏中与它自然遭遇,就应当乘着孩子的这份快乐来进行言语的"飞翔"。

三、化习作于儿童的实践

建构主义理论认为,儿童是在与周围环境相互作用的过程中,逐步建构起关于外部世界的认知,从而使自身认知结构得到拓展和完善。而亲身实践则是实现自主建构的重要手段之一。童化作文教学就是要突破"讲中写"的传统格局,尝试建立"做中写"的运作模式,让每一个学生去亲身经历,在实践中体验童年的滋味,感受成长的快乐,使写作复归到表达自我、交流自我的本意中来。当然实践活动并不是一味地、功利地指向写作,它首先是一个"儿童尽可以放肆的游戏",在此基础上才应该"小心地捕捉他们兴致上的有利时机"(约翰·洛克语),使之成为作文教学的课程资源,使写作成为学生的自然行动。

请看案例《草莓红了》。

春暖花开，在校园正门的南侧是一片片草莓园。每天从这里都运出一袋袋鲜红的草莓，孩子们看了非常眼热，非常想走进草莓种植大棚，去过一把采摘草莓的瘾。于是我们的童化作文教学便从这里出发了——

第一板块："这个春天，与草莓来一场约会"

1. 谈话激趣

（1）大家喜欢吃草莓吗？想不想亲手去摘一摘草莓呢？

（2）今天，我们将一起走进美丽的草莓园，去了解草莓的生长情况，去感受摘草莓的乐趣！

2. 活动提示

在本次活动中，为了让大家玩得开心，并且在玩中有收获，老师想给大家几点"友情提示"：

（1）和同学自由组成小组，每组进入一个大棚。

（2）进棚后，仔细观察草莓的叶子、花朵、果实。

（3）认真地倾听采摘草莓的方法，并按照要求采摘。

（4）在各组采摘的草莓中，将根据草莓的大小、形状、色泽三个方面进行"草莓大王"评选。

3. 采摘行动

学生进入草莓大棚，先由草莓种植园主介绍草莓品种和采摘方法，接着各小组在园主的指导下进行采摘。

4. 成果展评

（1）各小组挑选出一只有代表性的草莓。

（2）每个小组为自己的草莓做现场解说。

生：大家看，我们组这只草莓可是"宝石"级的，不但个儿特别大，而且红得发亮，远看是不是像一个晶莹透亮的红宝石呀？

生：青青的叶梗像一顶翠绿的帽子，红红的身子像婴儿灿烂的笑脸，因此我们给它起了个美丽的名字——"春天的笑脸"！

生:"万绿丛中一点红",这就是我们可爱的草莓!它像一颗钻石,点缀着无边的大地;它像一颗明亮的眼睛,深情仰望着碧蓝的天空!

……

(3)由教师、学生、园主组成评选小组,评出"金牌草莓""银牌草莓""铜牌草莓"。

(4)各组自由地品尝草莓。

第二板块:"草莓拼盘展评会"

已近黄昏,学生回到教室,袋中草莓几经周折,有的成了草莓酱,教室里散发出一股浓浓的草莓香味,另一个习作契机已经悄然形成。我让学生去餐厅借来五六只拼盘,再让学生去宿舍取来一些水果,一切准备就绪。

1. 说说"拼盘"

师:大家做过拼盘吗?

生:我没有做过,但是我看过、吃过!(大家笑)

生:我看妈妈做过,不过没有饭店里的好看!

师:老师今天带来了水果拼盘,想看一看吗?

(PPT展示各式拼盘。)

师:这叫"孔雀开屏",这叫"八仙过海"……看到这一盘盘富有创意的拼盘,你想说些什么?

生:这些拼盘太精美了,不但可以大饱眼福,还可以大饱口福!

生:我想这些拼盘制作起来真不容易!

生:如果让我动手做一做拼盘,那该多好呀!

师:机会来了,今天晚上,我们就以草莓为主要制作材料,以苹果、樱桃、西红柿、桔子为辅助材料,来一个"草莓拼盘"大比拼!

2. 做做"拼盘"

(1)教师提出相关的要求:

A. 做拼盘——各小组领取一个菜盘,以草莓为主要制作材料,构思拼盘的图案。

B. 写拼盘——每组为自己制作的拼盘起名字，写解说词和广告语。

C. 赞拼盘——每小组上台进行拼盘展示，评选"最佳创意奖""最佳解说词奖""最佳广告语奖"。

（2）各小组一起讨论拼盘的创意，并在小组内部进行合作分工。

（3）各小组进行拼盘制作和相关材料的撰写。

3. 比比"拼盘"

（1）"火龙吐珠"。

【解说词】一条腾飞的巨龙，咆哮着，盘旋着，展现在大家面前，这就是我们组的空前作品"火龙吐珠"！本作品是我们组员呕心沥血制成的。虽然简单，却很别致。以"番茄花"为边，两朵花之间镶嵌着半颗红彤彤的小草莓，中心是以苹果为主原料制成的，一条"火龙"往空中喷射出一连串"草莓火焰"，"龙口"边是由苹果条与草莓汁组成的一条"火焰河"，远远望去，仿佛一条"火龙"从火山口腾空而出，百看不厌。这就是我们组创作的新一代水果拼盘，请各位尽情品尝！

【广告语】火龙一出，谁与争锋！浩气震天动地，必能大获全胜！

（2）"红遍天下"。

【解说词】看，天边有许多五颜六色的彩锦，那是织女刚织的新作品。有蓝的，有红的，有紫的，有绿的……最吸引人的还是火红的太阳，它慢慢地下沉，一点一点，好不悠闲。它映红了山下的一条清澈的小河，水红了，红得像岩浆涌流。河岸上有一条形状各异的"苹果鹅卵石"的小路，路旁的野草野花在春姑娘的抚摸中旺盛生长。在小河中

央有一个小而圆的"小番茄喷泉",正往四周喷射出阵阵水雾,在水雾上空,一条彩虹若隐若现。但世界上没有最完美的事物,唯一的缺点就是已临近夜晚,真是"夕阳无限好,只是近黄昏"啊!

【广告语】红遍天下,让你心动!

第三板块:"草莓行动发布会"

在我们制作和展示草莓拼盘的过程中,不断有教师被吸引进来,教室的窗外也挤满了小脑袋,劝走一批,又围上来一批,真是络绎不绝。

1. 活动延伸

师:同学们,我们的"草莓行动"引起了全校师生的关注,有不少同学和老师到我们班打听这次活动的有关情况。大家想一想,我们通过什么办法,让全校的老师和同学,甚至更多的人一起分享本次活动的快乐呢?

生:将这次活动过程写成一篇新闻报道稿,向小报《南海潮》投稿,这样大家一下子都知道了这次活动的内容!

师:这是一个好办法!不过,新闻稿篇幅很短,如果想更具体地了解本次活动,该怎么办?

生:我们可以"摘草莓"为内容,写一篇记叙文,发在校园网上,其他老师和同学就可以分享到采摘草莓和评选"草莓大王"的乐趣了。

生:我们还以"制作草莓拼盘"为内容,写一篇记叙文,向报刊投稿,这样就可以向更多的同龄人展示我们创造的风采!

师:好主意,让我们行动起来吧,用我们的文字让更多的人走进我们快乐的作文生活!

2. 快乐分享

一路草莓香

龚彦皓

大家知道"水果皇后"是谁吗?我来告诉你,它就是草莓。

今天下午，吴老师带我们去草莓园摘草莓，每个人都兴高采烈，摩拳擦掌，准备在草莓园里大显身手。到了草莓园，我使劲吸了几口气，顿时草莓的芳香团团围住了我，啊，真是心旷神怡！

一进暖棚，看见里面有好几个直直的小垄，上面覆盖着草莓的茎叶，在碧绿茎叶掩映下，草莓显得更红了，有大有小，还有一个个棕色的"芝麻丁"嵌在上面，远远望去像一个红彤彤的小灯笼，美丽极了。草莓下面还有几瓣小叶子托着，像几片绿色的宝石。再闻一闻草莓，一股芬芳的香味直朝我鼻子里钻，真让我馋得垂涎三尺。

抓住一个很大的草莓，在工人的指导下，轻轻一扯，"吧"，一个大红大红的草莓便离开了叶蔓，躺在我掌中。滚圆的身子像一颗"爱心"，上面盖着几片叶子，多像一个红彤彤的婴儿脸，上面戴着一顶小帽子！欣赏完我的第一个"作品"，我便左右开弓，"吧——吧——吧"，一个个草莓涨红了小脸，纷纷"跳进"小筐。

由于草莓大棚密不透风，同学们的脸上不一会儿就挂满了豆大的汗珠，不过谁也不在意。我们像捧着一筐宝贝，小心翼翼地走出大棚。在一块空地上，我们铺上了一层塑料布，轻轻地把草莓倒在上面。经过反复比较，我们终于挑选出本组的"草莓大王"，准备与其他组一决雌雄！有几个嘴馋的家伙实在忍不住了，立马拾起一个草莓，猛咬了一口，果汁溢满了嘴！

经过一番"拼杀"，我们仅仅获得了"铜牌"，不过大家挺高兴，回去的路上，大家谈笑风生，淡淡的草莓香撒满了乡间的田野和小路。

草莓拼盘大比拼
卫晓飞

今晚，我们班灯火通明，大家正五个一群，六个一簇，热火朝天地忙碌着，忙啥呢？不妨告诉你，待会儿呀，我们班的"草莓拼盘展评会"就要开幕了！现在各小组正使出浑身解数，准备制作最有创意的作品呢！你瞧，就连窗外的小星星也眨巴着眼睛，聚精会神地充当着小评委呢！

"草莓拼盘展评会"开始了，帅哥陈晨一马当先，端着他们组的杰作

"火龙吐珠"大步流星地走上讲台,其他成员也紧跟其后。"火龙吐珠"名副其实,盘子中央由苹果堆高,最顶端放着一颗诱人的草莓,四周还浇上了草莓汁。正如他们组的广告语所说:"火龙一出,谁与争锋!""火龙吐珠"一亮相,立刻吸引了大家的眼球;他们一展示完,教室立即响起了一阵热烈的掌声。

接下来,我们组的智慧结晶——"冰果大拼点"登场了!我们的"冰果大拼点"是以草莓、苹果片和小番茄为原料制成的。拼盘的边缘上有七朵小番茄雕成的小花,意味着我们即将升入七年级。苹果片还用草莓汁浸了一下,泛着微红,像一个腼腆的小姑娘。其中还用几片草莓的叶托点缀了一番,显得富有生机和活力。你听,我们的广告语更绝了:"苹果增加水分,番茄补充维生素,草莓有美容奇效,各式美味,尽在冰果大拼点!"逗得那些小馋猫垂涎欲滴,不时走上讲台,想找机会尝一口;那些爱美的小女生听说我们的拼盘具有美容养颜的奇效,更是跃跃欲试,一个个手掌都拍红了!

精彩一个接一个,掌声一浪高过一浪,名副其实的"简单",富有诗意的"春溢满园",表现真诚的"火热的心"……每一份展评作品都有鲜明的特色,让我们大开眼界,连一向沉稳的吴老师,也忍不住凑上来品评一番。

最后自然是品尝了。看着一个个精美的拼盘,大伙儿都不忍心"痛下杀手"。最终还是敌不过肚中的"馋虫",一个个以风卷残云的气势,将所有的拼盘一扫而光,只吃得满嘴流"汁"。就这样,"草莓拼盘展评会"在大伙儿的欢声笑语中结束了!

实践,让学生积累了丰富的习作素材;实践,让学生经历了听说读写等言语活动;实践,唤醒了学生与他人交流的欲望;实践,激发了学生的创造潜能。笔者以为,一次成功的写作实践活动,建构起的不仅仅是鲜活灵动的作文内容、丰富多彩的表达方式,还有一种"有所为"的积极写作态度,更有一种在实践中衍生出来的合作意识和创造精神,以及一份弥足珍贵的童年记忆。

四、化习作于儿童的想象

周一贯先生说:"童年是最富有想象的一段岁月。在儿童的世界里,鸟兽能言,桌椅对话,可上九天揽月,可下五洋捉鳖……"语文课程标准正是顺应了儿童的天性,特别强调"激发学生展开想象和幻想,鼓励写想象中的事物。"然而在现实生活中,儿童的想象力却被严重幽闭。"最受儿童喜爱的科幻读物,在1980年代曾被当作有害儿童身心健康的毒草而被全面禁止出版,1999年高考作文题中出现科幻式命题以前,有大批老师和家长不准孩子读科幻小说。目前,应试教育仍是阻碍儿童想象力发展的主要因素。专家认为,在这种教育模式下,想象教育没有被放在应有的位置上,统一的教育方式、统一的标准答案正束缚着学生的想象力。"(摘自千龙新闻网)因此,童化作文要名副其实,成为儿童的作文,首先就得给予儿童想象的权利。在教学中"只要有'典型情景',只要'典型情景'触动了儿童的精神世界,儿童就会进入一个梦想的世界"(刘晓东语)。

请看案例《让地球妈妈更美丽》。

1. 凸现主题

(1)同学们,你们知道今天是什么日子吗?(世界地球日)
(2)让我们一起欣赏一首关于地球的歌曲——《热爱地球妈妈》。
(3)这首歌曲中为什么把地球称为"妈妈"呢?
(4)学生讨论,教师小结:地球不愧是人类的母亲、生命的摇篮。

2. 创设情境

(1)可是,46亿年过去了,我们的地球妈妈现在又是怎样的呢?
学生联系搜集到的资料进行交流。出示《地球的自白》——

地球的自白

今年我已经46亿岁了。我在反思,或许我真的老了,或许我真的病了。

我知道人类总在抱怨：抱怨我周身温度升高，抱怨我身上的营养不足，难以养活所有的人口，抱怨各地旱的旱，涝的涝，抱怨空气越来越污浊，环境不如以前那样好……我很苦恼。看看被石油弄脏的海水，那是我的血液；看看干旱焦灼的土地，那是我的皮肤；可怜可怜失去了家园的动物，它们本与你们同源；可怜可怜因战争和污染终身残疾的孩子，他们是你们的子孙。救救我吧，只有你们可以拯救我。如果你们还想把我当作安身的家园，救了我，就等于拯救了你们自己。

（2）老师这里也有一份资料，也是反映地球现状的，你们想看吗？请大家边看边想：地球在哪些方面遭到人类的破坏？（播放资料片《救救地球》）

（3）讨论交流并小结：刚才大家看得很仔细，说得也很清楚，归纳一下，地球在这几方面遭到人类的破坏：烟囱排放大量烟尘；污水未经处理排放到江河中；滥砍滥伐，水土流失；矿产资源不加节制地开采……

（4）看到这触目惊心的一幕幕，你想说些什么呢？（学生直抒己见）

（5）小结：说得好，说出了我们的共同心声——（板书）让地球妈妈更美丽

3. 展开想象

（1）自由想象。要让地球妈妈更美丽，就得解决上述的问题。下面请同学们结合自己掌握的科技知识和生活经验，插上想象的翅膀，为保护地球妈妈献计献策！

（2）自由讨论。让学生选择自己感兴趣的问题，自由组合，展开合作和交流。

（3）小组汇报。

A. 我们想发明一种"绿色炮弹"，打到哪儿，哪儿不久就会变成绿洲……

B. 现在垃圾成堆，臭气满天，我们想发明一种"垃圾处理器"，变废为宝……

C. 大气污染日益严重，我们想发明一种"大气清洁手表"……

（4）小结：刚才同学们各抒己见，都在为保护我们美丽的家园尽心尽力，很有创意！

4. 引导成文

（1）激发兴趣：如果把同学们的这些创意写清楚，写具体，就是一篇篇具有科学价值的小论文，想写吗？

（2）下水引路："科学小论文"怎么写呢？

A. 读创意小论文《天空吸尘器》。

B. 学生边听边想：作者采取了什么方法，解决了哪一方面的问题？

（3）学生写稿并互改。

（4）举行"地球的明天更美好——科学创意小论文交流会"。

大气清洁手表

赵飞飞

现在的科技飞速发展，但是随之而来的是大气污染日益严重。我想发明一种"大气清洁手表"，用于解决这个问题。这种表分为两层。第一层是普通的电子表。第二层是一个人工磁场。这个磁场不同一般，在它的内部有一套极为精密的频率发生仪，利用它的侦察器测得周围微尘的频率，发生器发出相同频率，按这一频率运行的微尘就会被吸在磁场上，并被压缩转化为浓缩化肥。这样，我们就可以随时处理大气中的杂质了！

自动排污器

孙 婧

21世纪到了，科学飞速发展，由于人们不断地制造"白色垃圾"，把垃圾往江河里扔，环境被污染了，这给人类生存带来了极大的威胁。我想发明一种自动排污器，它可以随身携带，只要按一下上面的按钮，它的微型出口就可以将周围被污染的空气吸进自己的"肚子"里，然后经过树叶里的一种叶绿体的过滤，吐出新鲜空气。不过，它不需要用电，它吸收太阳能作为自己的能量。吸收太阳能很简单，太阳光照射下来，它就会自动吸收热量。有人会说，叶绿体在叶子里，怎么提取？只要把还没有枯萎的叶子放在自动排污器的微型出口，它就像葡萄干的外皮一样，皱了起来，吸收来的叶绿体可以用许多次,两个世纪也用不完一棵树,所以你不必担心树林会被这东西消灭。它也可以放出优美的音乐,这正是自动排污器的另一个作用。当被繁忙的工作愁住时,你就可以打开它,放出优美的音乐给你消除疲劳。我发明的自动排污器你们喜欢吗?

童化作文的教学实践让我们体会到,要激发学生的想象力,有两个因素非常重要:一是"自由",在时间上、空间上、行为上、思想上要尽量减少对学生的束缚,给他们的思想营造更开阔的空间;二是"情境",通过创设具体的、现实的问题情境,叩响学生心灵的竖琴,让他们以主人公的姿态,有为而作,进入一个比现实世界更有诗意、更为宏大的精神世界。可以这样说,想象让学生的精神世界更加丰盈,想象让学生的语言文字更具童性,想象让学生在习作中获得飞翔的感觉。

五、化习作于儿童的体验

体验是用全部的心智去感受、关注、欣赏、评价某一事件、人物、事实、思想。只有经过体验,我们才能把一个陌生的、外在的、与己无关的对象变为熟悉的、可以交流的甚至是融于心智的存在。对于学生,由于经验的限制和成人的佑护,直面自然、生活的机会不多,许多"体验"不是直接获得的,而是成人经验的"复制",因此,在文字中呈现的往往是成人的语态,不够鲜活,不够真切,缺乏童年的"感性"。童化作文就是要引领学生回归自然状态,回归生活常态,与自然直接对话以丰富童年的体验,与生活携手同行以丰盈童年的心智,使言语表达成为他们抒写心灵世界的窗口,成为他们品味童年生活的站台。

请看案例《秋天的雨话》。

九月一日早晨,天下着蒙蒙细雨,我骑着自行车在雨中穿行,独自享受着这入秋以来的第一场甘霖。到了办公室,突发奇想:为何不"借"雨来开始我本学期的第一堂语文课呢?我顾不得擦去脸上的雨水,开始编织秋天的

"雨"话……

第一板块：吟"雨"

一进教室，我让学生停止了晨读，神秘兮兮地对孩子们说："今天吴老师给大家带来了一件特殊的礼物，猜猜是什么？"教室里顿时沸腾了。有的说是一本书，有的说是一句话，有的说是一张读书卡……看着大家迷茫而兴致勃勃的神情，我指着窗外，揭开了谜底——秋雨，这是大自然委托我带给大家的礼物，喜欢吗？孩子们恍然大悟，纷纷说喜欢。我趁热打铁："就是这雨，一到诗人的笔下就有了生命，成了一个个多情的精灵！不信，请打开《小学语文必背及精读古诗文选》，找一找关于'雨'的诗。"一会儿工夫，教室里小手如林，孩子争先恐后地进行交流，我顺势让他们将诗句抄到黑板上：

好雨知时节，当春乃发生。　　沾衣欲湿杏花雨，吹面不寒杨柳风。
昨夜雨疏风骤，浓睡不消残酒。　　帘外雨潺潺，春意阑珊。
天街小雨润如酥，草色遥看近却无。　　君问归期未有期，巴山夜雨涨秋池。
黑云翻墨未遮山，白雨跳珠乱入船。　　水光潋滟晴方好，山色空蒙雨亦奇。

交流完后，我继续引导："其实描写'雨'的诗很多，不同的'雨'诗所表达的情感也不相同，轻轻地读读这些诗句，我们就可以从中体会到兴奋，体会到凄凉，体会到思念，相信吗？"学生读诗的欲望被唤醒了，一个个摇头晃脑，俨然成了一个个小诗人。"老师，我从'天街小雨润如酥，草色遥看近却无'中体会诗人的对雨的喜爱。""老师，我从'君问归期未有期，巴山夜雨涨秋池'感受到了依依惜别。"……我发现孩子在"雨"诗中徜徉，充满了灵性。"在这几首诗中，你最喜欢哪一首呢？背背它，让它永远留驻在你的心里！"我的话音刚落，教室里"诗声"琅琅。

第二板块：淋"雨"

看孩子基本上背得差不多了。我突然一转话头："大家平时仔细欣赏过雨吗？"有个学生接过话茬："我欣赏过！""说说你的感受！"我立即追问。可他抓耳挠腮，"雨很大，凉凉的……"我看到其他学生也接不上话，就说："让我们走到窗边，走到阳台上，用我们的眼睛和雨进行一次'谈话'，高兴吗？"学生们欢呼雀跃，各自找到观雨的位置，有的在默默地凝视这窗外无边的雨幕；有的静静地侧着身子，似乎在欣赏这大自然的美妙音乐；有的一边欣赏雨，一边吟诵"好雨知时节，当春乃发生"的诗句；还有的挽起袖管，把手臂伸到窗外或阳台外，在雨中摆动，雨滴不时地在手心、手背飞溅起朵朵水晶花。这时雨渐渐地小了，有几个孩子大着胆子挨到我旁边，在我耳边轻轻地说："老师，我们想去雨中跑一跑，行吗？"我看看天色，估计雨不会变大，慷慨地说："可以，不过速去速回！"几个孩子如获得了"大赦"，欣喜若狂地奔到楼下，他们在雨中欢呼着、跳跃着，楼上教室里的孩子也眼馋了，在我的默许下，雨中的孩子越来越多，欢乐的叫喊声在楼群间回荡，吸引了其他班的孩子，他们纷纷从阳台上探出小脑袋，眼里充满了羡慕的目光，没想到孩子们竟然如此喜欢秋雨！

第三板块：说"雨"

回到了教室，有的同学头发湿漉漉的，有的同学脸上还流淌着雨水，他们神采飞扬，兴味盎然。我把握时机，让学生自由说说对雨的感受。

沈大宁：雨点好温柔，像妈妈亲吻着我的脸。

印赛博：在雨中真爽快，我仿佛在和雨点一块跳舞。

朱梦臻：雨打在脸上凉凉的，流进嘴中甜甜的，难怪花儿、草儿们在雨中那么欢快！

罗晓佳：老师，不仅我们喜欢雨，连小麻雀也喜欢雨，您看，他们一会儿在雨中穿梭，一会儿在草丛里跳跃，一会儿在芭蕉树上歌唱，他们真是雨中的精灵啊!

卫小飞:我觉得雨后的空气特别新鲜,小湖里的水绿绿的,小草青青,雨中的花朵挂满了水珠,我在很远的地方就能闻到它的香味,雨真像给大自然洗了一个凉水澡,啊,真舒服!

孩子们想说的话越来越多,窗外小雨仍在淅淅沥沥地下着,教室里学生们的真情实感也在尽情流淌着……在与"雨"的亲密接触中,孩子的心透明了,情感奔放了,语言表达畅达了,真是一场及时的好雨,竟然能浇透学生的心灵,浇出美丽的花朵!

第四板块:写"雨"

当孩子对"雨"有了充分而真切的感受后,写"雨"已经成了欲罢不能的事情。于是,鼓励孩子拿起笔,让自然界的"雨"在心灵深处也下一场!

雨,我喜欢!
罗晓佳

哇!下雨了。雨好可爱,好温柔啊!雨细细的,柔柔的,太美了!

我喜欢雨,喜欢落在脸上的感觉:软软的,非常舒服。雨一点点飘落下来,一滴滴落在我的手上和脸上,甚至落到了我的心里,我尝了一下雨的滋味,感觉像吃冰块,凉丝丝的,好像有点甜,像……我调动所有关于"甜"的想象力,都无法形容和描绘它。

我喜欢雨,因为整个世界都喜欢它。比如农作物,还有花朵、小草、大树等,它们都是雨的好伙伴。小雨点蹦蹦跳跳地、争先恐后地从空中滑落下来,你瞧,大地上所有生物都挥着臂膀,欢迎它的光临呢!

我喜欢雨,喜欢在雨中行走的感觉。我特地放慢了脚步,任雨点在我的头上、脸上、身上自由地嬉戏和亲吻,轻轻的,滑滑的,像妈妈的手一样柔软,像老师的目光一样温和。我尽情地感受着,不知不觉便走到了教室,我真嫌食堂和教室的这一段路太短。

雨，开学以来的第一场雨，好滋润呀！

淋　雨
沈盖博

今天下雨了，我冷得浑身发抖。我不敢走出教室，怕被雨淋湿，成为"落汤鸡"。

雨密密麻麻地落到地上，滴滴答答，水泥地面上卷起许许多多的小圆晕。看着眼前的景象，我在脑海中产生一幅画面：同学们正开开心心地在雨中玩，原来雨变成了热水，他们正在舒舒服服地淋浴呢！想到这里，我的心痒了，准备出去感受一下被雨淋到的感觉。我走出教室，冲进雨中，雨淅淅沥沥像璀璨的珍珠洒在地上，洒到我的身上，冰冰凉凉，晶晶亮亮，像天堂里的露珠。我在雨中挥舞着手臂，想痛痛快快地洗个"雨水浴"，可雨却小了，渐渐地终于走了。我招招手，向雨告别，虽然我已成了"落汤鸡"，可是很高兴，希望雨下次再来。

我突然发现，树叶变绿了，花变得更艳了，天边亮起了一片红霞。我情不自禁地吟起了志南的诗句："沾衣欲湿杏花雨，吹面不寒杨柳风。"

在《庄子·秋水》篇里有这样一段对话——庄子曰："鯈鱼出游从容，是鱼之乐也！"惠子曰："子非鱼，安知鱼之乐？"庄子曰："子非我，安知我不知鱼之乐也？"从这段值得玩味的对话中，我们可以初步领略到"体验"的本义——外在的环境在自己精神深处的映射，每个人都只能直接地了解他自己，知道自己处在某种境地，有某种知觉，生某种情感。由此可见，体验正是个性化表达的前提。

六、化习作于儿童的时尚

时尚文化对儿童精神成长有着深刻的影响。《中国教育报》曾撰文认为：

在时尚文化的冲击中成长起来的儿童，其行为方式和生活方式必然带有时尚文化的烙印。他们吃麦当劳、肯德基，看《数码宝贝》《熊出没》，唱流行歌曲，追青春偶像。他们的语言方式、衣食住行，时时处处可见时尚文化的踪迹。面对在儿童中有巨大市场的时尚文化，作为教者，我们不能消极地听之任之，更不能盲目地围追堵截，而应趋利避害、为我所用。童化作文充分尊重时尚的文化价值，并作为一种习作资源加以开发。这种习作的方式，不仅赢得了更多孩子的认可，使他们参与过程中乐此不疲，而且为作文教学营造了更大的空间，能让孩子在习作过程中获得更多的乐趣。

请看案例《相约 KFC》。

第一板块：聊聊"肯德基"——我的梦中"至爱"

1. 说说"肯德基"

师：孩子们，你们都想去肯德基，能给老师一个理由吗？

生：因为肯德基里的美味很多，让我们百吃不厌！

生：肯德基经常会在不同的季节推出新的美味，让我们常吃常新！

生："有了肯德基，生活好滋味！"肯德基给我们的生活不断带来好滋味！

师：我们班有同学不爱去肯德基的吗？可以举举手！（没有人举手）有没有人没有去过肯德基？（台下没有声音）如果说我们六（8）班还有一个人没有去过肯德基，那一定是我了！（学生笑）这样吧，今天的语文课，就请大家画一画自己最喜欢的一种肯德基食品，并且在图画旁边写一段推荐语，好吗？（学生欢呼雀跃）

2. 介绍"肯德基"

（1）学生自由写画。

（2）集体交流。

唐泱泱：我的最爱是"多味冰淇淋"，且不说味道，光样子已经足以让你垂涎三尺。它分上中下三层，最上层的是蓝莓巧克力，中层是浓浓的甜味奶油，下层是草莓味的粘脂。三种不同的味道夹杂在一起，简直就是一个完美的搭配。特别在夏天，只要走进"肯德基"，小朋友们必选"多味冰淇淋"，爽爽的，滑滑的，甜甜的，那个味道简直迷死人！

张凯霞：我的最爱是薯条，简简单单、方方整整、细细长长的外形，很有弹性，咬上一口，不仅脆香可口，而且咸淡适中，那滋味，别提多美了！听了我的介绍，你的口水一定"飞流直下三千尺"了吧！

罗晓佳："美味圣代"分三种口味，有巧克力、草莓和柠檬这三种口味，酱汁配上美味，加上潜伏在下面的冰爽可口的冰淇淋，那种口感和味道让你爱不"释口"。夏天吃圣代，当冰淇淋划过你的喉咙、食道，到你的胃中时，全身上下一阵冰凉；如果冬天吃圣代，那就更舒服了，本来就冷，舔上一口圣代，仿佛置身在冰天雪地里，一呵气就会变成冰，这种前所未有的冰冻感，让你有一种南极探险之感。

王震宇：汉堡在我看来，可算上是肯德基中最好吃的一种。汉堡里的那一块鸡排是经过烧烤之后夹在里面的，鲜嫩可口，再加上沙拉酱、蔬菜的滋味，嘴里仿佛打翻了"五味瓶"——酸酸的、甜甜的、脆脆的、香香的，真是"此味只应天上有，人间能得几回尝"！

周沈禹：这是墨西哥鸡肉卷，表面看上去非常简单，只是一层薄薄的蛋皮，里面的内容可丰富了！有鲜香嫩滑的鸡米花，有浓郁的鲜奶烙，有酸甜可口的沙拉酱，还有爽口的黄瓜、生菜，真是别有一番风味！

印赛博：我要向你推荐的可是美味的"劲爆鸡米花"哦！摸起来软软的，吃起来脆脆的，咽下去滑滑的，油而不腻，香而不焦。一块块鸡米花，在我眼中快成了一朵朵美丽的鲜花了！

第二板块：亲亲"肯德基"——我的难忘"旅行"

1."肯德基"之旅

师：我们就要去肯德基"一饱口福"了，但是我希望大家在亲历肯德基的过程中更要"一饱眼福"——我们除了关注自己的体验以外，还要留心周围同学的体验，这样的生活才是完整的、有意义的生活。

2. "肯德基"体验

师：有了这次肯德基之旅，大家来说说自己的感受吧！可以是自己最开心的体验，也可以是自己觉得最有趣的场面，还可以是让自己最难忘的经历。

生：我觉得吃"老北京鸡肉卷"让我开心，鸡肉鲜嫩，酱汁有味，让我吃得满嘴流油！

生：我觉得男生们的吃相特别有意思，就说管云鹏吧，平时在餐厅吃饭细嚼慢咽，可一到了肯德基便狼吞虎咽，有风扫残云之势！（学生笑）

生：你们女生的吃相也不好看，平时一个个像个淑女似的，可是一吃起肯德基就像"猛虎下山"，真让我们刮目相看呀！

师：都是肯德基惹的祸呀！

生：我觉得陈晨吃肯德基特别有意思！一个汉堡几大口就咬完了，有点像猪八戒吃人参果！

生：我觉得王震宇吃墨西哥鸡肉卷的场面特别令我难忘，吃到最后，他的嘴角挂满了奶油、酱汁，他好像还没有吃够，便不断地用嘴舔留在手上的酱汁！（学生大笑）

师：大家这么开心，吴老师听了也觉得开心！如果大家将自己所见、所闻、所感用文字记录下来，我们的肯德基之旅就不虚此行，更有意义了！在写作过程中，要抓住三个场面去写——（板书：最开心、最有趣、最难忘）注意将它们写具体、写清楚，要求明白了吗？

3. "肯德基"印象

"大战"肯德基

唐泱泱

"肯德基"这三个字眼，广大小朋友一定是再熟悉不过了。今天，我们全班同学相约去肯德基。

推开大门，一阵阵诱人的香味扑鼻而来，让人想不流口水都难了。尽管老师拼命地维持秩序，但在美味的肯德基面前，谁还顾得着这些？大家一窝蜂地拥了上去，就差没把店门撞到，服务员阿姨忙得不亦乐乎，原本空荡荡的肯德基里一下子热闹起来。我点了一杯可乐、两份圣代、一包劲爆鸡米花，还有一些薯条之类的，悠闲地坐在那儿品尝起来。凉丝丝的冰可乐，甜甜的草莓味圣代，口感润滑，一点儿也不觉得腻口。鸡块口感很好，软软的，却又不是太软，再倒点辣酱上去，那绝对是一个字："好！"时不时抬起头，那调皮的龚彦皓正狼吞虎咽地啃着个老北京鸡肉卷，手上，脸上，甚至衣服上，都沾上了油腻腻的甜面酱，像只"大花猫"！再看看他旁边的陈晨，别看他长得瘦瘦高高的，像根豆芽儿似的，可面对美味的肯德基，他可不顾一切出卖了他的身材！这你一定想不到，他一下子吃了四个汉堡，吃完后竟还说了声："没吃饱。"我的天哪！这还不算，更有趣的还在后头呢！吴老师也不知从哪儿弄来个相机，心血来潮地想拍几张照片留念。几个女生对这可没兴趣，仍然照吃不误。几个调皮的男生却异常兴奋，还故意做了个丑态，跑到镜头前还不忘摆个pose呢！尤其是龚彦皓，一得知要拍照，就故意把番茄酱胡乱地抹在脸上，还拿了个香辣鸡腿堡，张开他那血盆大口，跑到镜头前作欲吃状，惹得几个女生哈哈大笑。

就这样，一件发生在肯德基店里的趣事画上了一个圆满的句号。难怪有句广告词上说："有了肯德基，生活好滋味"。

第三板块：赞赞"肯德基"——我的真情"回味"

师：我们的快乐"肯德基之旅"就要结束了！如果我们用一句话来表达这次活动感受，你会说些什么？

生：一顿美味大餐，一次快乐之旅！

生：肯德基之旅，是一次难忘的天堂之旅！

生：愿我们的生活和肯德基一样有滋有味！

生：肯德基的美味，永远值得我回味！

……

师：感受非常真切，语句也简练优美，我们在不知不觉之中，为肯德基做了广告！其实广告语就是这么简单，就是这么简练！让我们品着肯德基的余香，带着对肯德基的无穷感受，拿起手中的笔，为肯德基创作一句广告语吧！

（学生写作、修改、交流。）

顾佳敏：美味肯德基，快乐肯德基！

卫晓飞：桂林山水甲天下，肯德基美食扬天下！

沈大宁：上有天堂仙餐，下有KFC美味！

倪佳婷：肯德基，挡不住的诱惑，尝不尽的美味！

李凯卫：美味——就在肯德基！分享——就在肯德基！欢乐——就在肯德基！

高松：KFC让生活变得有滋有味！

宋雨帆：人间美食天堂，就在肯德基哦！

时尚文化，不应该将儿童拒之门外。在主流的儿童文化中，应当给予它一席之地，让儿童在其中找到适合自己的视角。童化作文就是本着"存在即合理、存在即尊重、存在即利用"的理念，直面时尚文化，将原本就蛰伏在儿童精神中的时尚文化作为一份资源，引领到作文教学的前台来，为儿童习作铺设一个生活的平台，搭建一个动感的舞台，从而让儿童自觉地参与其中、沉浸其中、享受其中。

这六大方式，让儿童生活、儿童文化、儿童情趣不断打破原本僵化的教材习作教学系统，给习作内容、习作目标、习作指导带来更多的活性元素，让习作教学变得更丰润，更人性。而这一切的实现依靠的是"主题性习作单元"。

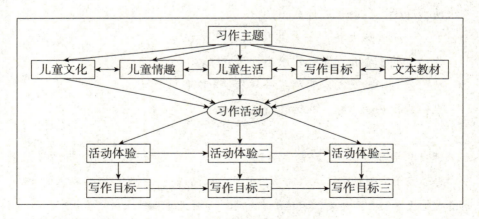

主题性习作单元结构图

一是主题统整。童化作文将习作教学与儿童的当下生活进行有机整合，形成"习作主题"，譬如在"我们班的卡通节"主题单元中，笔者就将写作潜藏在卡通文化的纽带中，使儿童在以卡通为主题的活动中"无痕"地达成写作目标。教学分四个活动板块展开：之一，"亲亲卡通"——介绍最喜欢的一个卡通人物；之二，"画画卡通"——举行卡通设计大赛，让每个孩子为自己的卡通人物起名字，写解说词；之三，"联联卡通"——将自己设计的卡通和一些熟悉的卡通人物放在一起，想想他们之间会发生怎样的故事；之四，"写写卡通"——以自己喜欢的卡通人物为主角，创作一个精彩有趣的故事。它从儿童写作的情趣出发，以儿童的文化为内容，以儿童的活动为路径，将习作内容、习作活动和指导过程结构化、课程化、教学化。

二是异质同构。每一个系列其实就是一个完整的写作主题单元，不同的类型和文体的习作在一个主题的统整下，有机融合在系统之中，相互补充，相得益彰。在"今年中秋月更圆"的主题习作中，设计了这样几个习作训练（1）为长辈和老师、同伴设计中秋祝福短信。（2）选择自己最喜欢的一种月饼，写一则商品说明书。（3）搜集中秋习俗，为外国友人写一份推介语。（4）针对市场上的"天价月饼"，你怎么看？把你的真实想法写下来。（5）中秋的夜晚，你家是怎么度过的？以"我家的中秋夜"为题，再现当时的情景。这个写作主题中，从文体上看，有记叙，有说明，有议论，有推介；从篇章结构上看，有整篇的叙述，有片段的展现；从交往角度来看，有祝福，有推介，有辩论；它们纵横交错，点点相连，最会交汇成一个整体的训练"面"。让每个儿童成为"在场"的言语个体，让每个年段的儿童找到适合自己的话语方式，使儿童的表达体验、言语交往体验被主动唤醒，教学的指导机制、活动机制、表达机制、交往机制应然而生。

三是做写并行。儿童教育家蒙台梭利说过："儿童对活动的需要几乎比对食物的需要更强烈。"童化作文就是要营造"做中写"的教学场域，通过"做"让儿童的感官回归到生活状态，通过"做"丰盈儿童的习作体验，通过"做"为习作教学搭建起一个动感开阔的平台。"草莓红了"这个习作单元就是以儿童活动为主体来构建的：板块一，"这个春天，与草莓来一场约会"——摘草莓、评草莓、尝草莓；板块二，"草莓拼盘展评会"——说拼盘、做拼盘、比拼盘;板块三,"草莓行动发布会"——言语交往、分享快乐。在"做写并行"教学模块中,寓习作兴趣激发于活动中,寓习作知识传授于活动中,寓习作技能训练于活动中,寓习作交流于活动中,让儿童在充分的"做"中历练言语的翅膀。

写作就是表达"我"的诉求

当下中小学写作教学一个根本的弊病就是回避写作的"语用"本质,让儿童对空说话,说空洞的话。在教学中,只考虑如何将"教"的内容(包括知识、方法)体现在儿童习作中,以实现教师提出的教学目标。整个写作过程儿童始终处于一种消极被动的言语状态,这是典型的"从属性写作教学"。而有一种习作教学,它鼓励儿童将写作当成一种语用手段,将写作内容作为一种交往载体,引导儿童努力用"教"的内容来支持和实现自己的言语交往目标,我们姑且将这种教学方式称为"功能性写作教学"。"从属性写作教学"始终将每一次写作当成"学习",更当成获得写作技能的一种必经"途径";而"功能性写作教学"坚持让每次写作成为一种"语用",更成为写作技能的一次积极"消费"。

一、"功能性写作教学"的界定

"功能性写作教学"指向"真写作"——教学给儿童构建了"功能情境",让每篇习作有明确的读者,有明晰的交际目标,有设定的言语交往环节。相对于"从属性写作教学","功能作者或说者在传递信息的过程中不仅要抓住读者或听者的注意力,而且还要思考如何保持读者或听者在接受信息中的兴趣。单是交流的主题或命题内容不可能使他们集中精力,所以作者要考虑的不仅是传递的信息本身,还要考虑如何去传递信息,如何从读者的角度出发来构建语篇,从而帮助读者更好地理解作者的意图"①。基于这样的要求,"功能性写作教学"便有着区别于传统习作教学的独特体征——

1. 作前:基于角色的诉求

走向"功能"的习作教学,它的发端源自"为什么写"。每一次习作教学都应该是儿童作为某种角色所产生的内在真实需求。或是主人,或是导游,或是求助者,或是说服者……儿童一旦有了角色的担当,习作功能就此诞生,教学目标便有了明晰的指向,写作的动力随之悄然孕生。因此,"功能性写作教学"首先要为每个儿童选择一个适合的角色,既要让写作成为儿童释放内需、缓解压力的途径,又要让每个儿童在写作前便对所要担当的角色充满期待。

2. 作中:立足功能的考量

面向"功能"的习作教学,关键在于指导儿童进行功能性言语的表达。李健雪指出:"功能性言语实际上是在语篇建构过程中的一种动态隐喻过程,也就是反映出'作者—语篇—读者'之间的心理映射。"②由此可见,在功能性写作中,语篇里的言语要饱含"功能",写作过程中,儿童所调遣的写作知识、技能以及经验,都应当服务功能目标的实现。譬如,一篇习作要体现"倾诉"功能,一要考虑需要倾诉什么,才能引起读者共鸣,产生积极的心理响应;二要考虑用什么方式倾诉才能产生"语力",不仅引起读者注意,并且唤起他们的积极支持。要实现这样的功能,作为语用作者的儿童,必须主动寻找言语表达的知识、策略、技法,并将此"动态的隐喻"在语篇中,即时地应对读者所产生的阅读需求。

3. 作后:为了交往的实现

"功能性写作教学"的最终旨归还是功能目标在具体而可感的交往情境中的实现,通过读者的现场反馈,来检验功能性言语的达成度。交往情境可以是现实生活,写给谁的,就读给谁听;也可以是课堂模拟,由教师或同伴担任功能对象,让课堂成为语用现场。在交际情境中,每个儿童都能真实感

---

① 姜晖,成晓光.功能性言语研究阐发[J].东北师范大学学报(哲学社会科学版),2009(1).
② 李健雪.元话语与语篇空间建构[J].淮北煤炭师范学院学报(哲学社会科学版),2006(6).

受到自己习作的价值，享受到写作的尊严和荣耀。同时，每个儿童也能清楚感觉到自己习作在交往应对中的不足，或适当调整写作内容，或重新选择表达方法，通过积极修改主动向理想的交往目标逼近。

综上所述，相对于传统的"从属性写作教学"，"功能性写作教学"使不少瓶颈问题得到突破，可让当下的习作教学一扫颓势，呈现出勃勃的生机（见下图）。

一方面使教师懂得为什么而"教"——为了让每个儿童主动走进这个世界，主动适应这个世界，主动改变这个世界；知道怎么来"教"——让消极的知识"传递"变成积极的知识"运用"，让平面的习作课业变成立体的写作应对，让课堂的习作评议变成生活的言语交往。另一方面，让儿童认识了为什么而"写"——为了解决面临的问题，为了改善自身处境，为了加强与社会的沟通；同时，让儿童体会到怎样来写——以面对真实读者的口吻来写，根据交往的需求来写，确保读者信服而写。无论是教师还是儿童，在这样的习作教学面前，不仅清醒、清楚，而且主体、主动。

功能性写作教学	从属性写作教学
1. 给习作创设清晰的目标指向，让写作成为儿童内在需求的一种应答。 2. 为了达成相应的语用目标，基于读者，表达知识和技能应然而生。 3. 有了相应的功能情境，习作交流评价主体是读者，评价的重点是功能目标达成度。	1. 写作是教师布置的一项作业，一篇习作的读者只有一个，那就是教师。 2. 写作过程中，不是主动适应读者需要，而是被动达到教师的要求。 3. 习作评价面面俱到，成为单纯的文字"批斗会"。

二、"功能性写作教学"的价值

在小学阶段就提出"功能性习作教学",旨在召唤写作主体——儿童,涵养其积极的言语交往意识与强烈的言语表达欲求。长期以来,习作教学一直将文体知识作为教学重心,以为只要"教"了,儿童就会"写"了,习作教学就是让儿童耳提面命,依教而作,依题而作。在这样的教学体制下,儿童自身的言语本能一直处于压抑状态,而言语本身也不能成为儿童"自我实现的存在性需要"[①]。"功能性习作教学"竭力打破这种扼杀儿童言语生命的僵化窠臼,倡导儿童"用活的言语来进行活的写作",让每个儿童在生活和内心的真切需求中走向真实的写作生活。

1. 明确读者对象

在每次写作前,都要借助鲜活的功能情境告诉儿童,本次写作因何发生,为谁表达,将一个具体的读者推到儿童面前。这个读者是真实可感的,一定存在于他们的生活中,在当下的物理空间和信息手段下,可以看得见,定能够得着;这个读者必须与作者相互关联,或许是自己——现在的"我"写给未来的"我",或许是亲人师长——面谈不便而诉诸笔端,或许是伙伴网友——让对方了解和关注自己;与这个读者存在空间距离,可能体现在地域上——身在远方,口头语言不易抵达,可能体现在心理上——地位悬殊,缺乏平等对话时机。在这个"语用"链条上,儿童是身临其境的言语诉求者,读者就是如影随形的倾听者和应答者,习作教学就是在作者和读者之间建立联系,让他们彼此呼应,使真正的写作随之发生。

2. 生成教学动力

潘新和认为,言语动力缺失是根本性缺失。当下习作教学为何难"教"?是因为教学进程缺乏潜在的动力机制。当下的儿童缘何怕"写"?是因为写作前缺乏鲜明的动力推进。"功能性习作教学"中,"功能"就是动力之源,教师凭借"功能"确定教学内容:基本语言向功能语言转换的知识,

---

① 潘新和.语文表现与存在[M].福州:福建人民出版社,2004.

体现功能需要的表达知识，实现功能价值的篇章知识；教学凭借"功能"构建具体流程：创设功能情境—明确读者对象—探讨功能技巧—进行功能写作—实现功能价值；儿童凭借"功能"形成写作状态：生成功能动机—激活写作动力—寻求功能路径—完成功能表达—体验交往成长。习作教学因为"功能"而生成，写作兴趣因为"功能"而激发，写作知识因为"功能"而唤醒，写作评价因为"功能"而转型。"功能"成为贯穿习作教学的一条潜在线索，"功能"成为习作教学运行的核心动力。

3. 建构言语知识

相对于"从属性习作教学"，"功能性写作教学"所需要的知识、技能都是立足于"功能"而即时创生出来的。一次写作，是写作知识的"活学活用"，而不是传统教学中知识的"生搬硬套"，这是由习作教学适应"功能"的机制决定的。在一次功能性言语表达中，至少需要建构这三个方面的表达知识：一是"语篇功能性知识"，就是作者从读者的角度出发，通过使用恰当的功能性言语来使语篇连贯、衔接，并且从读者的认知、心理因素来考虑组织语篇，引导读者，并"邀请"读者身临其境地渗透到语篇的字里行间。二是"人际功能性知识"，在作者写作过程中，仿佛与读者比肩而坐，要与读者感同身受，促膝长谈。"人称代词作为一种功能性言语标记，在实现读者和作者关系方面却起着很大作用。"[1] 在故事叙述中，或者直接倾诉中，要时刻将"我"——作为推介者、介绍者、陈述者、说明者的角色凸显出来，同时不时将"你"——作为分享者、参与者、倾听者、对话者的角色分布在每个段落的起始阶段或者收尾环节。三是"互文功能性知识"，功能性习作一个重要特点就是在作者和读者之间建立起"心理映射"，当作者在描述、讲述、陈述自己的故事或者观点、感受时，为了能引起读者的强烈呼应，常常还会邀请第三方话语参与，用权威者、相同经历伙伴的观点或经历来印证自己的理解的可信度，或强化行动的可行性。这三方面知识能够加强儿童习作的交互性，凸显习作教学的语用功能，呈现作者与读者之间的鲜活互动。

---

[1] 姜晖. 元语用视角下的功能性言语探究[J]. 当代外语研究，2011（4）.

4. 转变习作评价

传统的习作教学，在习作评价环节常常借助典型的习作（优秀的，不足的）进行现场评点，这对巩固教学内容，提升在场每个儿童的表达素养，有着良好的促进作用。而在"功能性写作教学"中，典型性评价将转变为普遍性评价，评价对象不仅是自己的同伴，还是习作教学的预设读者；评价目标不是修正字词句篇，而是语用功能的实现。如果前者是为了让习作趋向完美，那么后者则是为了让读者心悦诚服地悦纳，相比而言，哪一种更能促使儿童自觉自愿地对习作进行修改？显而易见，后者更实用，更能激发儿童再创作的动力，并且会让每个儿童在常态的习作中形成一种"元意识"——我的文字是否能吸引读者，我的文字是否能让读者清楚领会自己的想法，我的文字是否能让读者也享受到故事的愉悦……面向读者的写作评价会促使每个儿童成为一名用心服务读者的有责任的言语人。

三、"功能性写作教学"的操作

在"功能性写作教学"中展现"功能"，是最为重要的写作内容，而建构"功能"则成为极为紧要的教学内容。前者意味着"写什么"，后者隐喻着"怎么写"，这是一次成功的习作教学最为核心的板块，也是事关成败的操作环节。下面就以小学高年级习作指导课《我要……》为例，具体阐释"功能性习作教学"的运行路径和实践要领。

1. 功能性情境的创设

教学与儿童生活存在着鲜明的界限，而"语用"却是儿童现实生活的一种真切需求。怎样在教学中引进生活，怎样将教学融入儿童生活？这就需要情境。"功能性习作教学"创设的情境就是"功能性情境"，将儿童生活自然巧妙地与习作教学融会贯通。在习作指导课《我要……》这个案例中，写作内容是"说服他人以达成自己的意愿"。教师巧妙借助一个网络上特别流行的《跟老爸要零花钱的四个步骤》引入"说服"功能的习作主题。

师：（出示第一幅）图上画的是什么？

生：一个小女孩好像在讨要什么东西？

师：怎样的表情？（板书：表情）

生：满脸堆笑，像在讨好别人。

师：（出示第二幅图）表情发生了怎样的变化？

生：很疑惑，很惊讶！

师：看来讨好的表情并没有说服对方！（出示第三幅图）这又是一种怎样的表情？

生：很委屈！

生：很悲伤！

师：这样"萌"的表情会不会打动对方呢？（出示第四幅图）大家看出了什么？

生：喜笑颜开，一定说服了对方！（板书：说服）

师：从这变化的表情中，你猜猜，发生了一件怎样的事情？

生：想看某一本书，家长不肯，经过反复请求，家长终于同意了，所以喜笑颜开！

师：有道理！

生：自己写了一篇好的习作，请朋友指点，可是朋友以各种借口拒绝她，她很委屈，很烦恼，后来经过不断恳求，朋友同意帮她修改了，她非常高兴。

师：她的说服终于成功了！可是真实的情况是怎样的呢？这是网上最新流行的漫画《跟老爸要零花钱的四个步骤》（学生恍然大悟，忍俊不禁）你们有过这样的经历吗？

生：星期天，同学和我约好去参加他的生日party，爸爸不放心我一个人去，我满脸微笑地讨好他，可是他就是不答应；接着我装出一副可怜兮兮的样子，不停地摇着他的手，他走到哪我就跟到哪，最后他终于答应了。

师：我听出来了，在说服过程中，你不仅使用了丰富的表情，还伴随着一些动作（板书：动作），这也是你获得成功的法宝之一。

生：同桌带了一本《哈里·波特4》，我满脸微笑地帮他擦桌子，并提出了借书的要求，可他却说自己还没有看过；我一听，眼泪都快掉下来了，趴在桌上不理她，他见我这副模样，主动把书送到我手中。

师：看来女生的眼泪很能打动人！看来大家说服的经验都很丰富，在这个经历中，表情、动作很重要，但是还有一样更重要，那是什么？

生：（异口同声）语言！（板书）

师：说怎样的话，该怎么说话，这才是"说服"过程中最重要的！

从一幅网络漫画出发，引入"说服"的要素——表情、动作、语言。这三者逐层递进，表情、动作是说服的辅助手段，而"语言"才是本课的重点教学内容。在功能性习作教学中，功能话题的呈现不能一蹴而就，需要在儿童生活和教学之间建立一座"桥梁"，使之与儿童文化自然对接，随之将儿童生活渐进引入。因此这座"桥梁"不能冰冷坚硬，而要亲切柔和，是每个孩子喜闻乐见的。

2. 功能性知识的创生

美国语文教育特别强调观点的形成和表达，儿童不仅要有自己独特的带有批判意识的思想，而且要用这种思想和观点有理有据地影响他人。这种教育思想渗透到写作训练中，主要体现在劝说类文章的写作上。[1] 怎样才能使

---

[1] 王爱娣.美国语文教育[M].桂林：广西师范大学出版社，2007.

儿童的言语做到"有根有据"？要从儿童日常的"语用"经验出发，借用他们耳熟能详、触类旁通的交往形式，以此为引爆点，将儿童潜在而零碎的经验唤醒；以此为生长点，对儿童零散的经验进行梳理和提炼，达到清晰化、系统化。这才是充满实效的习作课教学内容的关键创生环节，这才意味着"功能性写作教学"的实至名归。

师：知道吗，在生活中，有一种说服人的方式最有力量，最见效果，猜猜是什么？

生：广告。

师：下面就让我们来瞧瞧，广告是怎样说服我们的。

（1）出示广告语：牙好胃口就好，身体倍棒，吃嘛嘛香——蓝天六必治牙膏。

师：知道吗，因为这个广告，蓝天六必治牙膏创造了全国销量第一的奇迹，说说这是为什么？

生：买一盒牙膏，可以带来一连串的好处：牙好了，胃口就好；胃口好了，身体就更加结实了；身体结实了，吃什么都很香。

生：买一盒牙膏，可以带来一个好胃口，更重要的是带来一个好身体！

师：我们把这种说服人的方式称为"良性循环法"（板书）。

（2）播放广告视频——达克宁喷雾剂。

师：看了这个广告，你最想推荐给谁？为什么？

生：我想推荐给爸爸，他的脚很辛苦，每次出差要走很远的路，脚气特别严重，只要他使用达克宁喷雾，他走路一定更轻松了！

师：真是个孝顺的女儿！

生：我想推荐给妈妈，她的脚一到晚上就会很痒，有时痒得连觉都睡不着，只要她试一试达克宁喷雾，一定能杀菌止痒，一觉睡到天亮！

师：原来儿子也非常疼妈妈！让效果立马看得见，这就是——

生："立竿见影法"（师板书）。

（3）现场情景模拟。

师：咱们班现在正流行着一本什么课外书？

生：曹文轩的《草房子》。

师：哪些同学已经读过？说说自己的感受吧！

生：这本书中有很多可爱的人物，比如桑桑、秃鹤、纸月等，每个人物后面都有一个有趣感人的故事！

师：有可爱的人物，有动人的故事，读起来一定很过瘾！哪些同学正在读这本书？

生：小说描写了一个个少年的"苦难"生活，尽管他们日子过得很苦，但他们很坚强，从来没有向苦难的生活低头。

生：这本书文字特别优美，很多处景色描写让我身临其境，真想回到小说描写的那个年代，和那一群孩子做朋友！

师：读《草房子》，一定让你手不释卷！还有哪些人没有读过？（一生举手）听了他们的介绍，你现在想读这本书吗？

生：我已经心动了，也想走进这座神奇的"草房子"。

师：看来你已经被"众口一词法"（板书）说服了！

（4）联系生活归纳。

师：其实在广告中，还有很多种说服别人的方法，今天就不一一列举了，因为老师坚信：高手在民间，大家身边一定藏着不少说服别人的"独门绝技"。下面就来切磋一下吧。

生：我让妈妈买一个芭比娃娃，只有一百块钱，她却说没有钱。于是我就说："你上次给爸爸买了一套西服，花了两千多元，你怎么有钱了？你这个星期买了一套美容产品，将近一千元，那你怎么有钱了？说明你们对自己有钱，对女儿没有钱，你们只爱自己，不爱女儿！"结果妈妈立刻同意了！

师：这就是说服的力量！你知道你运用了什么说服办法吗？

生：我还没有想出来。

师：谁帮她总结一下？抓住对方弱点反击对方，这叫——

生：自相矛盾法！（师板书）

师：太棒了！精彩继续——

生：我想买一台PSP，爸爸说什么也不肯。我就说，其实PSP不光孩子可以玩，大人也可以玩，下班了打打PSP，可以消除疲劳，有益身心，而且更重要的是可以锻炼自己头脑的反应能力，以及大脑与手指之间的协同能力，对预防中风、老年痴呆有着极好的作用。特别是我们一家出去旅游，在火车上一待就是十几个小时，这时PSP就会帮我们消磨时间，让旅途不再漫长，充满精彩……

师：站在对方立场考虑问题，这是——
生：旁敲侧击法！
师：不是很恰当。
生：可以称之为"设身处地法"（师板书）。
……
师：真是"不说不知道，一说吓一跳"，原来大家都是说服高手！高手们，不如我们现场PK一下，比一比，谁是高手中的高手！

从广告到生活，功能性表达知识在不断提炼，不断生成。因为这些知识源自儿童真切的生活世界，因此他们感到自然亲切，鲜活无比；因为这些知识儿童参与了总结与创造，因此他们可以举重若轻，信手拈来；因为这些知识充满功能气息，因此与他们的欲求相契合。可以看出，在"功能性"知识的聚集和归纳过程中，选择的导入载体非常重要：需要振臂一呼，应者云集；需要以点带面，集腋成裘。

3. 功能性表达的实施

儿童功能性写作的发生，不是课堂之内的学习需要，而是源自课堂之外的生活意愿，可这种意愿常常"求之不得，辗转反侧"。这时，"功能性"写作就应然而生，成为儿童实现个人愿望的一次契机。更进一步说，功能性写作是对儿童被压抑的健康而正当的愿望的一次次唤醒，并引导儿童用写作这种理性方式与成人世界进行礼貌而理智的交往和沟通。

（1）交流意愿。
师：现在你最想从父母或者老师手上得到一样什么东西？
生：我想要一台智能手机。
师：与同学、老师沟通更方便了。

生：我想要一辆变速自行车。

师：骑在路上，一定很潇洒。

生：我想妈妈为我生个小妹妹！（学生笑）

师：这好像有点难度，不过看你怎么说服她！

生：我想去北京旅游。

师：北京风景名胜很多，值得一去！

……

（2）表达意愿。

师：想让自己的愿望实现吗？

生：想——

师：请大家现场将自己的意愿写成一段说服语。请看"友情提示"，谁来读一读？

生：选一选，用一个你最擅长的说服方法进行说服。

师：选择一个最有说服力的方法来写作。

生：写一写，把你的说服语用一段话写下来，为了让说服更成功，可以在说服中加入一些动作、表情来辅助。

师：在这段说服语中，要恰当地加入表情、动作。

生：比一次，谁最能以理服人，谁最能以情动人，谁就是我们班的说服达人！

师：不能死缠烂打，要以理服人，以言胜人，以情动人。

（接下来进入现场写作环节。）

在功能性言语表达的起初，迈开的步伐不能太大，往往从一点突破，逐步全面铺开。教学中，执教者只要求儿童运用一种方法写一个片段，意在培养儿童语用知识的调遣能力，从众多的"说服"方法中选择最适合自己表达需要的知识，选择最有"说服"语力的知识。在这一过程中，教师要始终强调"说服"的功能性言语特征——以言劝人，以理服人，以情动人，确保理在言中，情在理中。

4. 功能性价值的实现

"功能性写作教学"的整个流程处在一个功能性情境之中，儿童习作的完成，并不是意味着教学就此完结，而是体现着教学正走向更高的价值追求——言语交往。教学通过搭建交往平台，为每篇习作找到最适合的"读者"，使作者与读者之间形成积极而有意义的互动，让每篇习作就此成为接受美学意义上的"作品"，让每篇习作成为表达自我意愿的最直接的媒介。

师：你打算说服谁？开始吧——

（1）设身处地法。妈妈刚回来，我就打开电视，调到中央电视台第八频道，又是倒水，又是捶背，然后笑眯眯地说："妈妈，买跳舞毯我可不是为了我自己，你不是一直为你的肥胖担心吗？有了跳舞毯，你就不用天天晚上出去跑步了，即使刮风下雨，也可以保证你的体重不会增加一丝一毫。特别是放长假的时候，你不用无聊地看电视剧了，不用劳累地逛街了，可以利用跳舞毯，跟着音乐载歌载舞，既丰富了生活，娱乐了精神，又锻炼了身体。你知道吗，何德荣家自从买了跳舞毯，全家一年都没有一个人生病，她的妈妈现在已经拥有了'小蛮腰'！这样的'减肥利器''娱乐法宝'，赶紧买吧，还等什么？"

（2）鲜明对比法。我满脸堆笑地说："我就是要点压岁钱嘛，妈妈，您不用担心我会随意花掉它，在品德与生活课上，老师已经教我们如何管理和使用自己的压岁钱了，也教会我们将不用的钱存进自己的个人银行账户。你不要以为只有你们大人会管钱，我们小孩一样有能力管好自己的压岁钱。我们班朱明瑞，从三年级开始，他的妈妈就将压岁钱交给他自己管理了，买文具、买课外书、为地震灾区捐款，每一笔钱花得清清爽爽、明明白白，他的妈妈还在家长会上做过这方面的经验介绍呢。你不是也参加了嘛，怎么没有受到一点启发？唉，我怎么没有生活在朱明瑞的家庭里？我怎么没有一个开明的好妈妈？"

（3）缺点罗列法。我紧紧地拉着妈妈的手，鼓着腮帮子，一个劲地诉苦："妈妈，我这辆自行车已经骑了五年了，颜色掉了，轮胎补了，铃铛也不响了，即使这样也没有什么，更重要的是，它一不能变速，一放学，同学们脚一蹬车，就把我甩得远远的；二不能折叠，外出郊游时不能放进汽车的后厢里，一到景区，只能步行，非常累；三是不能急刹，一遇到紧急情况，我的车总是刹不住，非常危险。您看，爸爸的打火机都换新的了，您的手机也换新的了，为什么不能给我的自行车换新的呢？再说，我骑着这辆破破烂烂的自行车出去，人家知道我是你的女儿，不是给您丢脸吗？"

基于教学特征，"功能性写作教学"目前只能立足于儿童的功能言语培植和功能写作意识的涵育；因为课堂限制，"功能性习作教学"还只是发生在课堂里的一种"交往情境"模拟，与现实的社会性交往还存在着一定距离。因此，功能价值的实现只是着眼于教学效益——功能性写作素养提升，其现实的社会效益——社会言语交往能力，可能还在于儿童能否将功能性言语作品向着现实生活交往场景进行有效迁移。

5. 功能性效果的评价

功能性教学是否有实效，儿童的功能性言语水平在课堂上是否得到应然提升，习作课堂必须有一个检视的教学环节。而这个环节不是传统意义上的习作讲评，而是儿童言语在交往情境中的功能达成度。在模拟的交往情境中，如果作者的功能愿景被"功能对象"——读者认同了，就证明了写作的成功，反之，就意味着习作在功能呈现的过程中还存在着种种漏洞和缺陷，需要作者进一步弥补和修正。

（1）如果你是他（她）的_____，你愿意满足孩子的愿望吗？为什么？
（2）如果你是作者，你会怎么说服他（她）_____？

在这个环节中，力求让在场的每个儿童成为读者，参与到习作的品评中，切实做到没有最好（因为功能对象不同，理所当然会对功能言语产生不同的反应），只有更好（力求让自己的表达"服人""动人"，无限逼近追寻的"语用"价值）。

"功能性写作教学"将"功能性"作为切入视角，能让每一次习作教学在儿童心中"有位"——乐于关注，勤于参与，易于表达；能让每一次习作教学对儿童言语"有导"——有鲜活的表达知识，有真实的言语平台，有得当的评价机制；能让每一次写作活动对儿童生活"有为"——满足儿童切身需求，缓解儿童内心压力，实现儿童交往意愿。此时，写作不再是儿童可有可无的额外附加；从此，写作成了儿童与自然、社会交往的一种手段。需要强调的是"功能"只是儿童融入习作教学，走向写作生活的一种辅助手段，一股推动力量，其最终目的还是激发儿童的写作兴趣、提升言语表达能力，否则就会沦为"工具性写作"和"功利性写作"。

写作就是书写"我"的童史

有学者对儿童文化这样论述:"儿童文化是诗意的、游戏的、梦想的,是好奇的、探索的,是从本能的无意识逐步迈向有意识的,是历史沉积的因而是复苏的,是转变的生长的。"① 在此观点中,我们发现:儿童的文化特征,是与"故事"一脉相承的——"故事"因为诗意而美丽,因为游戏而有趣,因为梦想而开阔,因为好奇、探索而引人入胜……显而易见,儿童的精神世界就是一个在故事中并由故事元素构筑起来的丰富而敞亮的童话世界,他们是故事的发生者,故事的创造者,故事的分享者。因此,要想让习作教学成为儿童生活和生命中的自然生成,就必须与其"故事属性"相契合,并且自觉建构起适合儿童言语和精神的"故事性写作教学"。

一、儿童的"故事属性"

童年的气场决定了儿童的故事品质。在一个儿童眼里,周围世界充满着故事的"窖藏";在一个儿童心里,一切客观的现实都可以发酵为奇幻的童话故事。正因为这些故事的存在、发生,童年才成为一段"金色的岁月";正因为这些故事的天真、浪漫,童年才会留下一条"诗性的轨迹"。可事实上,儿童的这种故事属性,在教育中却是遮蔽的,常常以"孩子话""孩子气"存在着,被以系统知识建构为目标的教学逻辑压得直不起腰来。所以,在习作教学中,发现儿童的"故事属性",理解儿童的"故事属性",解放儿

---

① 刘晓东. 论儿童文化 [J]. 华东师范大学学报(教育科学版), 2005 (6).

童的"故事属性",显得至关重要。

儿童具有"故事眼睛"。同样一种景物,同样一件事情,在成人和儿童的眼里,存在着巨大的落差。一位同事讲述了发生在她孩子身上的一件事情:暑假里,带孩子去医院拔牙,因为病人较多,母子俩在医院门前的一片草坪上等待。拔牙过后,她让孩子写一篇拔牙日记。可孩子却要写在医院草坪上发现的一只昆虫,给它取名叫"独角大仙",想把他们相遇的故事写下来。这件事充分说明了儿童自身就拥有一双独特的"故事眼睛",他们能及时将自己看到的一切纳入自身的故事系统,并不断演绎,不断丰富,朝着自我"童话"构建的方向发展。

儿童具有"故事嘴巴"。儿童具有与生俱来的"分享故事"的天赋。他们只要遭遇到开心的事情、难受的事情、气愤的事情、害怕的事情,就会忍不住去寻找听众,哪怕身处课堂情境,也不会轻易放弃这种自然本性。儿童精神中欲罢不能的"故事"交往欲常常超越时间、空间,成为他们存在的最显在特征:最安静的情境里,只要有儿童身影,一定是张开嘴巴,挥动手臂的姿态;最空旷的原野中,只要拥有几个儿童,场景一定因为他们之间的快乐互动而变得饱满。只要有"对象"——可以是亲近的人,可以是熟悉的人,可以是陌路的人,可以是狗鸟虫鱼,可以是花草树木,可以是玩具模型,可以是桌椅板凳,他们的故事匣子就可以打开,滔滔不绝,津津有味。这常常与所谓的教育教学"规则"和"秩序"相悖。

儿童具有"故事思维"。儿童的故事思维不仅表现在语言上,更可以通过线条进行表达。各种各样的儿童画,透过画面内容,我们可以发现:儿童的画里不仅有他们的审美(喜欢穿裙子,画面中的姑娘一定穿着裙子;喜欢扎着小辫子,画面中的主要人物一定留着高翘的马尾巴或者一直垂到身体下方的长辫子),更有儿童心中蕴藏的故事。下页的图,是笔者捕捉到的一幅儿童留在黑板上的"随笔画",没有任何预设,只是一位儿童信手拈来之作。时间——春天;地点——野外;环境——阳光明媚,花儿盛开,鸟儿歌唱;事件——一个女孩子在玩气球。画面留下了空白:小女孩手中的气球是怎么来的?她要向什么地方去?和谁一起玩?就是这么简单的一幅画,故事的元素充分而饱满;就是这么一幅平常的画,就将儿童的故事思维和游戏状态表达得一览无余。

儿童具有"故事动作"。儿童不仅是故事的发现者与旁观者,还是故事的参与者和创造者。他们常常会"无中生有"——在成人的视野之外,与伙伴、动物、植物、玩具发生故事,这些故事常常是借助动作来演绎的,因此有儿童的地方常常"鸡犬不宁""鸡飞狗跳";他们还会"平地惊雷"——在看似平静的环境中,儿童的故事"创作"却暗流涌动,如火如荼,在突然之间故事进入"高潮",形成"波峰浪谷"之势。他们还会"锦上添花"——热闹的氛围,唤起了儿童制造"新故事"的热情,他们在已经发生的故事基础上,继续前行,手脚并用,感官互动,不断加大故事的"喜剧"效果,将故事推向一个新的高潮。这样的故事"创造"在宽容的成人眼里是天性使然的"顽皮游戏",在偏执的成人眼里却是蓄谋已久的"故意捣乱"。

表现在儿童行为之上,蛰伏于儿童精神之内的"故事属性",在成人世界里并没有得到足够理解,即便在小学教育体制中也没有充分予以确认,特别是习作教学中,这么鲜活而丰富的教学富矿,被置之于课程之外,却建立起另外一套游离于儿童身体和精神之外的训练系统。因此,真正的"童年故事"难以登上习作教学的大雅之堂,更让故事的主角对自身的"游戏"本性,产生了罪恶感和道德沦丧感,使他们对自己拥有的饱含童真童趣的故事天性避之不及，甚至千遮百隐。为每一个童年故事拂去"原罪"，除去道德的审视，为每个儿童提供安全自在的讲述情境，让每个儿童的"故事属性"回归自我，这是"故事性写作课程"开发的逻辑起点。

二、儿童故事的"存在状态"

陶行知先生曾云："教当其时，则事半功倍。"诚如斯言，习作教学中引入儿童故事资源，就得了解儿童故事在教学现实中的存在状态。面向儿童的习作教学应当从儿童的"故事状态"出发，尝试将故事从儿童的生活"后台"引入到教学的"前台"——从"潜藏状态"唤醒至"苏醒状态"，从"无意状态"激活至"有意状态"，从"可能状态"移置到"现实状态"，这是"故事性写作"构建的基础，也是故事性习作教学发生的前提。从教学实践中，我发现儿童的故事性习作资源从历时性视角看，主要有三种存在状态：

"沉睡状"。童年的故事没有预设，常常稍纵即逝。即便在当日，让一个孩子历数发生在自己身上或周围与己相关的故事，也不能做到信手拈来。因为儿童的生活世界就像一面永不回放的电子幕墙，即时的故事不断覆盖过去的故事，未来的故事不断刷新当下的故事。因此大量的故事资源，一直处于覆盖状态，并且不断沦落到记忆底层。处于"过去时"的故事有两个鲜明的特征：一是熟视无睹——来也匆匆，去也匆匆，没有足够沉淀，缺乏意义梳理，一直处于"离散"和"屏蔽"状态，即便是一个人人熟悉、个个经历的话题，凭空抛在儿童面前，让他们进行瞬间的"头脑风暴"，他们也会手足无措，面面相觑。二是耳熟能详。过去经历的故事可能出现记忆"短路"，但是绝不可能永远遗忘，只要出现"耳熟"的情境，尘封的记忆就会在瞬间打开，开始是断断续续，接着在同伴的相互启发下，零散的逐渐聚合，单一的产生链接，随后便会历历在目，如数家珍。

"即时状"。在儿童的世界里，精彩有趣的故事无时不在，只要善于捕捉，就可以将故事的发生、发展与习作教学同构共生。一是在故事起点处。当儿童在活动中呈现出"故事苗头"时，教师应及时捕捉，引领儿童向着故事化、教学化的方向行进。譬如，从教室到宿舍要经过一个荒坡，一到夏秋季，里面会传出各种昆虫的叫声。孩子们去宿舍，会忍不住驻足倾听。于是我让大家细细辨析，是哪些小动物在发出声音，从声音里听到了什么、想到了什么。经过这么一点拨，孩子们的言语和精神豁然开朗，一个主题为"秋夜的童话"的故事习作系列应然而生。二是在故事行进中。儿童们已经进入故事状态，全部兴奋点都融汇其中，这时教师要顺势而为，给儿童的故事开拓更多的发展通道，将"无为"的故事引向"有为"的写作。譬如，进入冬季，孩子们喜欢跳绳，并且在大课间里自主地围聚一圈，展示自己创编的"花样"。这时，我参与进来，鼓励孩子们进一步开动脑筋，"发明"与众不同的花样。只要跳出来，而且讲得清楚，讲得具体，这种跳法就可以用此人的名字命名。一时间，班级里研究"花样跳绳"蔚然成风，各种新鲜的跳法也层出不穷。于是我要求大家将自己创编的"跳法"用文字写下来，并且可以图文并茂，编印小册向全校推广；同时在班级举行"个人跳绳风格擂台赛"，引领大家一展高下。故事不断拓展和丰富，写作契机不断生成和发展，写作动力在不断激发和强化，写作内容在不断变换和延展。三是在故事发生后。班级中，教师要建立正常的故事分享机制——譬如开辟"班级故事会"，将班级新近发生的有趣故事逐一罗列，并且粉墨登场，评选出"故事大王"；同时还鼓励儿童个体建立自己的"故事目录"，将以自己为主角的故事进行收集，然后每周选择其中的精华进行自由练笔，撰写个人"成长故事集"。

"可能状"。对于每个儿童而言，他们的故事不仅有"过去时""进行时"，还存在着"将来时"。这是由儿童精神生活中所表现出的"潜意识"化特征决定的，它是"本能的先验的东西"，是"如此富有生命力量"，"是一座宝库，一切灵感、创造力和智慧的源泉"。[①] 面向儿童的习作教学，既要有一扇向儿童现实生活敞开的大门，还要打开一扇连接儿童"潜意识"的窗棂，让现实与想象在儿童的习作生活中携手并行。同样的一个习作题材，对于有些儿童来说，可能曾经经历过，有饱满的生活体验，而有些孩子却根本没有这样的遭遇，或者尽管有经历，可是体验太痛苦，他们避之不及，这

---

① 刘晓东. 儿童精神哲学［M］. 南京：南京师范大学出版社，1999.

时教学的另一个言语通道应该打开，允许儿童幻想自己可能的生活。譬如在《童年的生日》习作中，教学从两个维度展开：一是"写自己最幸福、最特别的一个生日会"；二是写生日创意——"我期待过这样一个生日"。让不同家庭、不同经历、不同体验的儿童都能从中找到最适合的言语存在和表达。

其实，童年就是一条用故事铺设而成的"金光大道"，每个家庭、每间教室就是一座"故事城堡"，每位儿童都是一个极具开采价值的"故事富矿"。我们的习作教学应当尊重儿童的故事属性，把握儿童的故事状态，"故事性习作课程"就会自然生成，习作教学的"坚硬"面目就会实现根本性的"柔化"，儿童的写作生态就会发生实质性的变革。

三、儿童故事的"教学唤醒"

儿童有了故事并不意味着"故事性习作教学"顺理成章。从原生态故事到习作教学，再到儿童具体的故事言语，还有一段现实曲折的路径要走。在教学前，要摸准儿童的"言语尺码"——哪些言语技能，儿童已经具备？在本次教学中，我从何处"教"起？我要"教"给孩子什么？还要找准儿童的"言语频道"——哪些故事是儿童乐此不疲却又闪烁其词的？哪些故事是儿童无比渴望却又压抑遮蔽的？哪些故事是儿童屡屡遭遇，却又熟视无睹的？要解决这些具体的问题，一个最核心的路径就是"相似性唤醒"——为潜藏在儿童精神深处的故事欲求寻找一个最适合的"引子"：好的故事"引子"就像一束火把，能够一下子照亮儿童的心灵，让整个课堂变得温暖起来，敞亮起来；好的故事"引子"就像温润的土壤，儿童心灵的种子一旦浸润其中，就会立即生根发芽，蓬勃成长。在具体的教学中，"相似性唤醒"呈现出四种不同的面貌——

1. "图画书"唤醒

我一直以为，图画书是通向言语和精神世界最适当、最柔润的"使者"。一本好的图画书，远远胜过脱离儿童文化和生活的写作情境创设，远远超越教师抽象空洞的教学指导。习作教学实践中，我曾多次成功运用图画书，唤醒儿童的"相似性"生活，取得了较好的写作成效。在《勇气的故事》习作教学中，我就使用了美国伯纳德·韦伯的图画书《勇气》。它让宏大的"勇气"主题变得如此简单，如此细微，变得如此可见，如此可亲可近——"勇气，是你有两块美味的巧克力，你留一块明天吃；勇气，是一个人独自在家，不开灯上床睡觉；勇气，你和朋友吵架后，你能主动讲和……"当一幅幅内容真切、色彩鲜活的图画逐一呈现在儿童眼前的时候，他们心跳加速，记忆中一幅幅生活画卷舒展了，复活了，他们发现这样的"勇气"在他们的生活中无处不在，无时不有——

生：妈妈给我20元钱，准备捐献给地震灾区，可是路过书店，看到橱窗里放着一本我梦寐以求的黄蓓佳的小说《亲亲我的妈妈》，刚好20元！如果买了，今天就可以大饱眼福，可是买了，就此丧失一次奉献爱心的机会。怎么办呢？最后，我咬咬牙，头也不回地离开了书店！

生：从奶奶家到我家要经过一条长长的弄堂，没有路灯。有一次我独自回家，总觉得有一个黑影一直跟着我，不知道从哪儿蹿出一只野猫，吓得我大叫起来！我刚想退回去，可是身后也是一片黑暗，于是我鼓励自己：世界上从来就没有鬼，只有"胆小鬼"，我鼓足了勇气，加快了步伐，一口气跑出了弄堂，看到了家门口路灯的光亮！

生：星期天，我连写带画，足足花了半天功夫，终于完成了一张图文并茂的读书小报。这时妈妈让我去超市买一瓶酱油，回来一看，惊呆了，我可怜的小报已经被小表弟用剪子"大卸八块"，尸横满地！我好心疼，伸手就想揍他一顿，可是一想他是客人，年纪还小，便放下了高举的手。结果我又花了一个下午，重新做了一张。

这本图画书，让每个儿童觉得：我和"勇气"并不陌生，"勇气"与我如影随形，朝夕相伴，勇气就在我身边。像这样带有儿童"体温"、具有"唤醒气质"的图画书还有很多，譬如《大卫，不可以》《逃家小兔》《她干的》等等，每一册图画书都是儿童言语和精神的"镜像"，都能将他们带到一个亲切而熟悉的生活场景，想起曾经发生在自己身上相似而真实的童年故事。

2. "儿童文学"唤醒

优秀的儿童文学作品,是作家为身处童年的孩子量身打造的一座最诗意、最适宜的言语家园。儿童喜欢阅读,那是因为书中讲的是同龄人的故事,更是自身曾经有过的类似经历或者渴望体验的生活。习作教学中,如果引入适合习作主题的儿童文学片段,不仅可以唤醒儿童自身的"相似故事",还可以为儿童提供知识和技能上的"原型启发"。执教习作课《书包里的秘密》时,我就引用了黄蓓佳的《我要做好孩子》的故事片段:

金铃将一袋小蚕放进书包里,而后她不敢再背了,用两只胳膊小心抱住,像抱一只随时都会被压碎的薄胎花瓶。路上,英语老师指着金铃怀中的书包问:"带子又断了?回家都不记得请妈妈缝上?"金铃支支吾吾,自己也不知道答了句什么。第一节课是数学课,讲应用题。金铃有点坐不住了,书包里的小蚕活像在她心里爬来爬去,痒丝丝的。她感觉有两条快要爬到书包外面来了,又感觉有一条大的压在另一条小的身上,小的那一条被压得吱哇乱叫。她忍不住伸手到课桌下的书包里摸,摸到口袋拖出来看,确信没有问题,才放下心来,把口袋送回书包。"金铃!"张老师冷不丁叫了一声。金铃的身子本能地一跳,头从抽屉里慌慌张张地抽出来,挤出一脸灿烂的笑容……

以该片段为原点,教学"唤醒"向两个向度展开:第一向度,"秘密"的相似性表达——金铃的书包里藏了一袋蚕宝宝,在她的身上发生了怎样的变化?这是对儿童言语认知能力的唤醒,让每个儿童认识到要写好"秘密",得从人物的神情、动作、语言、心理活动等细节去落实和呈现。第二个向度,"秘密"的相似性拓展——你的书包有过这样的秘密吗?一时间,教室里充满了快乐的空气:有的书包里藏着打满叉叉的练习卷;有的书包里藏着一本新买的《哈利·波特》,不肯借人;有的书包里藏着积了100多张的"水浒人物卡"……儿童文学作品,在情节上跌宕起伏,引人入胜;在表达上道法自然,炉火纯青。对儿童来说,它就是一座通往言语和精神深处的美丽引桥。

3. "同伴习作"唤醒

习作教学需要适合的"温度",才可以发生和生长。"温度"太高,儿童精神会超越言语,喧宾夺主;"温度"太低,儿童精神低迷,言语"千呼万唤始不出"。同伴习作,在这里是恰到好处的"火候"——它写的是儿童身边的真实故事,亲切可感;它在言语形式上与儿童言语水平接近,可效可仿;它在言语环境上和儿童拥有相似的故事发生情境,呼之欲出。同伴习作,就是一把"火炬",只要适时投入课堂场景之中,把儿童精神深处的言语"干柴"引燃,教学就会如火如荼地展开。在《零食的故事》教学中,我从不同纬度成功运用了往届孩子的三个习作片段——

动作维度:看看表妹,她吃相真是惊天地、泣鬼神!她一伸手,将整只手放进袋中,手指使劲往里抄然后猛地一握掌,一大把可爱而又可怜的妙脆角便被抓了出来。她不是一个个地往嘴里放,而是将一把妙脆角往嘴里塞,把小小的嘴巴填得鼓鼓的,才开始启动腮帮和牙齿,上下翻动,没嚼烂的妙脆角碎片从嘴角边溜了出来,弄脏了一大片沙发!

语言维度:第二天早晨,妈妈喊我起床,忽然尖叫起来。我猛然从梦中惊醒,小跑到镜子前。妈妈幸灾乐祸地拎拎我可怜的头发说:"瞧瞧,你的口香糖多爱你呀,已经在你头上开'花'了,这是一朵菊花,那是一朵狗尾巴花!哎呀,没想到口香糖还真信任你,竟然还在你头上做了'窝',这里一簇围成一圈,那里一撮黏成一团!"我害羞地捂住脸。

心理活动维度:哈哈,妈妈走了!我连忙打开电视机,随手拿了两小袋"绿盛"牛肉干,一边欣赏电视,一边美滋滋地吃开了。没过几分钟,茶几上只剩下两个空袋。可是我的味觉才刚刚被唤醒,一下子就掐掉,太残忍了吧!没有关系,再吃两袋,反正盒子里那么多,妈妈不会发现的。于是,我又拿了两袋。怎么就这么好吃呢?眼看着两袋就要见底,这可怎么办?嗯,再吃两袋,不,再吃三袋,算了,干脆将整盒牛肉干都拿来,要吃就吃个痛快!

同伴的故事与儿童自身的故事存在较高的匹配性，自己的"相似故事"，与之相关的故事，比之更甚的故事，"记忆反刍"高速运行，曾经拥有但却忽略的童年趣味，重新跃上心头；同伴习作的"心理暗示"也在不断强化——动作描写可以让自己的故事更生动，语言描写可以让自己的故事更鲜活，心理描写可以让自己的故事更真切。这样的同伴召唤，营造春风化雨的教学场域，创设了温润和顺的对话情境，让一轮皎洁的童年月亮爬上儿童心头，不仅照亮已经融进背影的记忆，而且唤醒他们对当下故事的无比敏感，对未来可能故事的无限渴望。

4."教师讲述"唤醒

在习作教学中，教师自身也是一份不可小觑的课程资源。教师以身作则，主动拿自己"说事"，为在场的每一个孩子营造了亲切、温馨、安全的言语表达情境，以召唤更多的"同道中人"积极响应。当然，教师的故事必须"真实"——让孩子觉得的的确确发生过，"真诚"——拿孩子当朋友一样"交心"，"黏稠"——故事有"包袱"、具有戏剧性。这样的教师讲述，才会达到"振臂一呼，应者云集"的现场感染效应！在《说谎的故事》教学现场，我和孩子就有这样的一段对话——

师：有一天，我刚走进办公室，突然听见李老师冲我喊："吴老师，你头发上是什么呀？"我连忙伸手摸了摸自己的头发，摸来摸去没什么呀？我还凑到玻璃窗前照呀照。这时整个办公室的老师都笑起来了："愚人节快乐！"我不服气啊，灵机一动，不动声色地说："知道吗，今天学校阅览室刚进了一批新书，校长让我通知大家，每人可以借三本！""呀，真是个好消息！咱们得快点去，去晚了，好书就都被借走了！"他们一个个兴高采烈地冲向图书馆。结果呢？你们猜？

生：（哈哈地笑）上当了！

师：这样的事你们有没有干过？

生：我对陈亮说："陈亮，顾老师找你，叫你订正数学练习册。"他丝毫没有怀疑，拿了笔就奔办公室。到了办公室，他也不问老师，就待在顾老师身旁，等老师问他。结果把顾老师也弄得莫名其妙，他才知道上当了。

教师的自我讲述，是所有的"相似性唤醒"中最具有号召力的，它让儿童"惊异"——这样的故事我有，竟然老师也有；它让儿童"安全"——既然老师可以讲，我也一样可以去大胆交流。原本遮掩的心理豁然开放，原本警惕的心情顿时放松，教室里出现了"一石激起千层浪"的互动场面。

由此可见，"故事性写作"教学建构中，"相似性唤醒"具有三个重要的表征——在言语内容上，与儿童的潜在故事具有情节上的"相似性"；在言语形式上，与所要达成的言语知识和技能具有"相似性"；在言语精神上，与儿童游戏的心理欲求具有"相似性"。教师只有准确把握这些基本要领，教学才能游刃有余、纵横捭阖。

"故事"，给儿童一个真实的叙述角色，让他们感受到自己对于写作的真切存在——自己就在文字当中，自己就是故事中的主角；"故事性写作教学"，在习作教学板块中是一个无法绕过的"重头戏"——它是一块打开儿童写作之门、激活儿童写作情趣的"敲门砖"，它是一条引领儿童享受写作自信、获得写作尊严的"红地毯"，它是一方尽情演绎童真童趣、记录童心童史的动感平台。如果说最契合儿童天性的言语是"故事"，那么在小学阶段，最适合儿童的习作教学就是"故事性写作教学"。

面向儿童的习作教学，首要的评判依据就是有安全的讲述情景，让每个儿童愿意讲故事，积极讲自己最隐秘的故事。在儿童讲述的过程中，教师要放下师道尊严，做一个忠实的倾听者，同道的应和者，真诚的欣赏者。要知道，能让儿童讲述自己的隐秘故事，不是靠教学技巧可以轻而易举达到的，而是需要智慧地营造一个温暖、粘稠、真诚的教学磁场。要知道，此时教者的一句不恰当判断，就会让儿童刚刚敞开的心扉顿时闭合，课堂一下子陷入"冰河状态"；要知道，讲述场景是慢慢变暖的，儿童先是等待观望，然后是轻轻试探，接着是积极参与，最后是融入其中，宽容在此至为紧要。如果在这样的情景中，教师还紧绷着"价值引导"这根弦，时刻不忘对儿童心底世界进行一味拔高，就会对分享中的儿童产生这样的暗示：故事是否真实无关紧要，关键"思想要上进，精神要健康"；你的写作一定得表现自身积极正面的一面，否则你的思想就有问题。那么真人真事、真情实感，会永远成为习作教学最为奢侈的目标。

　　所以，儿童"故事性写作教学"，不是童年野性的放纵，而是压抑精神世界的解放：一方面可以帮助儿童消解在故事历程中的"罪恶感"，让童年的精神世界变得更加敞亮；另一方面可以召唤故事中童性的美丽和光华，让蛰伏在儿童精神深处的"荒草"无处生根，永不萌芽。正如曹文轩先生在《面对微笑》一书中描述的那样："用清澈的目光看这个世界时，他必然要省略掉复杂、丑陋、仇恨、恶毒、心术、计谋、倾轧的，而在目光里剩下的只是一个蓝晶的世界，这个世界十分清明，充满温馨。"

精准知识让"我"的语力倍增

对于中小学写作教学"缺乏指导"的评判已经甚嚣尘上：有专家认为"中小学语文课几乎没有写作教学"，还有些教育学者觉得，当下的中小学生具有的写作素养几乎源自本身的阅读习得，与教学无关。对于教学界以外的批评，很多一线教师似乎心知肚明，甚至深以为然。笔者在与一线教师交流中发现，这样的论调很流行："优秀孩子，习作不用教；表达欠缺的孩子，教了也没用！"因为大多数小学语文教师自身就没有受到过良好的写作训练，他们对写作以及写作教学具有与生俱来的无力感。怎样让习作教学有指导，如何让教学指导对儿童的言语发展起到支撑性作用？知识教学应该不可或缺，倡导"精准知识"教学，似乎是一个难以逾越的话题。

一、定位：知识是"根"，能力是"苗"，素养是"果"

在 2000 年的《义务教育语文课程标准》实验版中，关于习作知识的教学有这样的描述："写作知识的教学力求精要有用"。在 2011 年的《义务教育语文课程标准》修订版中，唯一关于写作知识教学的描述竟然被删去了。这就意味着习作教学中知识教学含混、模糊甚至缺失的局面不但没有得以扭转，而且进一步加剧。

语文课程标准编制专家认为：学生只有通过主动、积极地参与丰富多彩的语文实践活动（听说读写），才能真正建构起语文知识结构。[①]在这样的课程操作理念指引下，当下的习作教学课堂"活动"盛行：教学的过程就是"活动"的过程，教师的指导性主要凸显在课堂活动的组织上。"实践活动"是什么，习作内容就写什么。尽管活动解放了儿童的肢体和感官，丰富了儿童的内心体验，但是在言语表达方面没有任何实质性收获。大多数儿童在活动素材转化为言语表达的过程中没有得到任何教学支撑，所能运用的知识和技能其实就是在以往自主阅读中习得的零散经验，因此，习作的言语品质原地打圈，没有任何实质性提升。教师在这样的习作课中，最多只能算是一个"组织者"，"指导者"的核心角色基本上没有担当。

  从认知规律上看，儿童的言语能力发展离不开言语实践活动。但是言语实践活动中，如果没有基本知识和技能的支持，能力的提升无从谈起。"能力作为一种可以直接对活动起稳定的调节作用的个性心理特征，其实质内涵是结构化、网络化了的知识和技能。"[②]可见儿童习作能力的根本是习作知识和技能。"掌握了知识、技能不等于发展能力，能力比知识更重要，但当论及如何去发展能力时，又回到了知识、技能的教学上来。"[③]因此在习作教学理念上，我们不能空谈能力，过度地贬低和忽视知识的地位和作用；在习作教学实践中，我们在强调能力的重要性时，首先得让儿童充分地占有知识，用合宜的习作知识来构建合宜的习作能力。

  再说语文素养，"它描述的是学校教育条件下，学生经过若干年学习之后，他们语文学习的结果"[④]。这里的"语文学习"就指的是掌握言语知识、发展言语能力，语文素养就是"言语知识"和"言语能力"相互作用的结果。所以说，当我们提及发展儿童习作能力、提升儿童习作素养的同时，千万不可回避习作知识教学。

---

① 教育部基础教育课程教材专家工作委员会. 义务教育语文课程标准（2011年版）解读 [M]. 北京：高等教育出版社，2012.
② 韩雪屏. 语文教育的心理学原理 [M]. 上海：上海教育出版社，2001.
③ 吴红耘、皮连生. 心理学中的能力、知识和技能概念的演变及其教学含义 [J]. 课程·教材·教法，2011（11）.
④ 同上.

其实，母语背景下的小学写作学习，儿童不是从无到有的过程，而是从少到多、由不尽完善到相对适合的过程。因此，儿童习作水平不高，通常不是结构性的整体缺陷，而是局部性的知识要素的缺失。因此，要真正改善当下习作教学的现状，必须充分认识到：习作知识是儿童言语之树的"根"，习作能力是儿童之"根"上长出来的"苗"，而习作素养则是儿童言语之"苗"绽放的"花"。

二、开发：置身类型，构建阶梯，力求下位

当下的习作教学为何只有"组织"，没有"指导"？这是因为：一方面传统的习作知识陈旧和贫乏，没有及时将文章学、文艺学最新的研究成果吸纳其中；另一方面，习作教材编排过程中，只在习作主题以及内容上作了充分的考量，而对习作知识体系缺乏科学严谨的规划。正如韩雪屏所言："毋庸讳言，语文教学理应在言语技能的训练方面下大功夫。但是用来指导学生如何去听、说、读、写的程序性知识，在当前的语文教科书中，也不是数量多了，程度深了，过于系统化了。恰恰相反，程序性知识，对大多语文教育工作者来说，恐怕还是一个十分陌生的概念。"[①] 要改变这种习作知识"贫乏"，习作知识教学笼统模糊的现状，面向文体类型的习作知识深度开发，是当下习作教学改革的一个重要的向度。

置身类型。习作教学知识开发不能零打碎敲，不仅要结合一次具体的习作训练，还需要有更广阔的站位，那就是习作类型。在小学阶段，纵观各种版本的小学语文教材，主要习作内容大概可以分成五种类型：写人、叙事、写景、状物、实用。每一种类型，言语形式不同，文体样式各异，因此所需要的习作知识也各有千秋。因此，习作教学过程中，我们不但要开发出各种文体类型的框架结构性知识，而且还要面向习作内容，开发出适合这种类型并且能支持重点段落的具体陈述性知识。

构建阶梯。对于同一种类型的习作训练，不同的年段和学期，应当有不

---

① 韩雪屏.语文教育的心理学原理[M].上海：上海教育出版社，2001.

同的教学内容，更进一步说，应该有不同的文体知识教学。遗憾的是，当下的习作教学，对于同一种文体类型的习作训练，不同年段不同学期的教学内容大同小异。譬如三年级上学期的"我的自画像"，要求儿童抓住特点、选择典型事例、通过细节表现性格和品质，可是到了六年级下学期的"写家乡名人"，课堂上依然教这些知识。正如王荣生所言："从小学到初中、到高中，我们的语文课程和教学就在这几小点知识里来回倒腾……而且将这种低水平的繁琐重复，美其名曰'螺旋型'。"[1]要改变这种含混模糊的习作知识教学现状，同种文体类型的习作教学，需要在年段和学段之间，构建一个层层递进的知识台阶，让习作训练拾级而上。以苏教版"状物类"习作教学为例，笔者结合具体的习作内容，对各年段习作知识进行了清晰的边界划分（见下表），让每次习作既相对独立（知识适当不宽泛，层阶分明不牵扯），同时又互为基础（前一次教学是后一次教学的基础，后一次训练是前一次训练的延续）。

年级	习作内容	习作知识
三年级	写一种文具	写清楚的知识
四年级	一种事物自述	写生动的知识
五年级	一处景物	描述直观事物特点的知识
六年级	一种美食	描述抽象事物特点的知识

力求下位。在一次"想象类"专题习作教学观摩活动中，不同年段的习作课堂，呈现的习作知识如出一辙，几乎都是"想象要合理，想象要丰富，想象要具体"。可是如何才能做到"合理""丰富""具体"，在各自的课堂上语焉不详。"写作教学经常忽略学生在写作中的关键问题，只是笼而统之地列出学生在写作中的问题，并提出一些泛泛的要求，例如'描写不具体'，'中心不突出'。但是，'什么叫描写不具体？''为什么描写不具体？''怎样才能描写具体？'这一系列问题在习作教学中并没有得到确切研究，因此语

---

[1] 王荣生. 语文科课程论基础［M］. 上海：上海教育出版社，2005.

文教师只有依照自己的经验与认识自行其是。"① 这道出了当下习作教学只有笼统模糊的"上位知识"而缺乏具体明确的"下位知识"的困窘现状。而"下位"的习作知识却需要教师结合即时的习作内容进行现场的教学生成。在六年级习作指导课《书包里的秘密》的教学中，笔者紧扣"秘密"展开教学，引导儿童探寻叙写"秘密"的习作知识——"细节变化"，即抓住人物的"动作变化""语言变化""神情变化""心理变化"来写，习作难题便迎刃而解。因此，我们的习作知识教学需要"再向前走一步"的开发意识，努力使抽象的知识走向形象，使模糊的知识走向清晰，使笼统的知识走向精细，使宽泛的知识走向精准。"宁凿一口井，不开一条河。"只有这样有深度、有精度地进行知识开发，制约习作教学"有效性"的瓶颈问题才会有望得以破解。

文体类型，是习作知识开发的丰厚语境；搭建阶梯，是习作知识开发的结构逻辑；追求下位，是习作知识开发的具体呈现。文体类型是寻找"知识面"，搭建阶梯是勾勒"知识线"，追求下位是明确"知识点"，这三者构成了"精准知识"习作教学宏观而立体的构筑框架。

三、节制：一课一教，一课一得

习作教学因为缺乏知识指导而效率低下，这并不意味着有了知识教学，低效的问题就能就此化解。走向"精准知识"的习作教学倡导的是有节制、有节点的知识教学。有节制——每次习作教学知识目标明确，不肆意延伸；有节点——每次习作教学与不同年段的同类文体习作教学有着清晰的知识边界，一次训练只管一段，目标明确不含混。

"一课一教"。同一种文体类型的习作知识可谓"弱水三千"，可具体到一次习作训练则可"只取一瓢饮"。完成一篇习作需要很多的知识来支持，但是儿童对这一类型的习作并不是零起点，已经学过的知识，本次教学中无须反复赘述；同时，本次教学也不是该文体类型的习作训练的终点。因此，

---

① 王荣生.写作教学教什么[M].上海：华东师范大学出版社，2014.

在本年段不适合"教"的知识，或者即便"教"了也不会产生效果的知识，应毫不犹豫舍去。基于此，本次习作教学可以"教"、必须"教"的知识则跃然纸上。当一次习作训练需要"教"的知识经过筛选变得精简和明确了，教学就可以腾出空间和时间将这个唯一的"知识点"进行下位的细化和深入。譬如苏教版六上习作3"写一种喜欢的美食"，笔者在教学过程中，对中高年级已经训练到位的"造型""做法"一笔带过，把教学重心放在"滋味"的品味上，和儿童一起开发出将"滋味"写具体的三种知识——"运动变化法""分层列举法""同类对比法"，将"滋味"写生动的知识——"展开联想"。教学重点聚焦了，儿童习作难点突破了，他们的言语水平自然得到发展。

"一课一得"。知识教学凝聚了，精准了，儿童的言语训练就显得充分饱满、富有针对性。一方面"教什么就写什么"。一位教研人员在一次大型习作教学观摩活动中进行现场统计，发现儿童在课堂写作的平均时间为3.4分钟。习作课指导课当场习作环节，长期以来饱受诟病。一堂习作课，仅仅只有40分钟，要激发习作动力，要组织教学，要知识指导，要习作讲评，显然留给习作的时间屈指可算，写作全篇肯定不切实际；如果只教不写，那么教学过程就缺乏反馈环节，无法评估儿童学习的真实状况。所以习作课堂不存在"写"与"不写"的问题，而是要探讨"写什么"的问题。一堂习作课最佳的习作状态是完成一篇习作的重点段落，而这个段落正好集中展现本堂课所"教"知识在具体习作语境中的运用，让当堂所"教"为儿童及时所"用"。另一方面"教什么就评什么"。众多的习作课堂上，在习作评价环节，很多教师的评价没有重点，或遣词造句，或段落篇章，或首尾过渡，"东一榔头西一棒槌"，将真正需要关注的本堂课所教知识落实情况置之不理。对于儿童的习作评价可以多角度、多维度，但是在一堂有针对性的习作指导课上，评价就得有所侧重，应当将本堂课所教的知识在儿童习作中应用的状况作为评价的重心，习作指导的效度就应当在评价中得以验证。

有"节点"的知识教学可以有效遏制"教"无边界的滥教之风，可以有力解决有"教"无实的虚教之风。需要说明的是"节点"不是"断点"，而是位于同一种文体知识线上的"端点"，每次习作教学既是一次独立的存在，也是一次起承转合的自然衔接。

四、创生：平台"生产"，对话"生成"，表述"生动"

强调习作知识的教学，势必会让习作教学陷入"知识化"的误区之中，这对儿童的习作兴趣会造成极大的伤害。新课程倡导的知识观认为："教师想用简单的讲解加反复记忆或者重复练习的方法来解决所有语文知识的学习是行不通的，要创设不同的学习情境，通过师生有效互动，在言语实践活动中，帮助学生主动建构其自身的言语经验，实现知识的内化。"[①]因此，走向"精准知识"的习作不是唯"知识"是瞻，它更注重"知识"生产平台的精心营造，"知识"生成对话中的和谐智慧，"知识"呈现方式上的鲜活趣味。以苏教版六上习作3"写一种喜欢的美食"教学中关于"品味"知识的创生过程为例：

师：是呀，滋味只可以意会，不可言传，所以我们老祖宗给"滋味"发明了一个特有的词语叫——（板书）品味。猪八戒吃人参果是"品味"吗？
生：那叫"狼吞虎咽"。
生：那叫"囫囵吞枣"。
师：那"品味"是——
生：细嚼慢咽。
生：慢条斯理。
师：那该怎么一个"慢"，怎么一个"细"呢？今天来了三位同学，他们用文字和大家有滋有味地分享三道美食，想不想加入这个快乐的美食分享团？
生：想——

[①] 教育部基础教育课程教材专家工作委员会. 义务教育语文课程标准（2011年版）解读 [M]. 北京：高等教育出版社，2012.

第一个层次

师：第一道美食上来了，是什么呀？（出示PPT）

生：臭豆腐。

师：谁来第一个品尝？（生读）孩子们，小作者张澜译是怎么写出他舌尖上的味觉的？

生：用了比喻的手法。

师：你说的是部分语句，从整体上看，是怎么写滋味的？

生：先写嘴边的滋味。

师：这是吃前。

生：再写在嘴中的滋味。

师：这是吃时。

生：最后写在食管里的滋味。

师：这是吃后。滋味从嘴外写到口腔，再写到食管，原来滋味会"运动"，原来滋味会"变化"，我们把这种会运动、能变化的味觉写法称为——

生：运动变化法。（师板书）

师：你叫什么名字？

生：我叫王振宇。

师："运动变化法"是王振宇同学发明的，因此也叫——

生："王振宇法"（学生笑）。

第二个层次

师：原来"品味"如此简单，如此有趣！还想学吗？第二道美食又端上来了，是什么？（出示PPT）

生：Biàngbiàng 面！

师：谁来第一个品尝？（生读）孩子们，薛天棋同学和张澜译的"品味"的方法相同吗？

生：不同。

师：不同在哪里？

生：薛天棋分别写了油泼辣子、牛肉、蔬菜等食材的滋味。

《biàngbiàng面》薛天棋

师：Biàngbiàng 面就这三种食材？

生：肯定不止。

师：为什么只写这三种？

生：因为这三种食材给作者留下了深刻的印象，因此被列举出来！

师：（板书）"列举"这个词用得真好！那油泼辣子、牛肉、蔬菜这三种食材在文中的顺序可以交换吗？

生：不可以，因为这三种食材的滋味是由浓郁到清淡的！

师：孩子们，我们可以把这种分层次的、有选择的滋味写法称为——

生：分层列举法（师板书）。

师：孩子，你叫什么？

生：黄子健。

师：也叫"黄子健法"。（学生笑）我们一下子学习了两种"品味大法"，还想学习第三种吗？

生：想——

第三个层次

师：第三道美食又上来了，瞧瞧是什么？（出示PPT）

生：小笼包！

师：这可是吴老师家乡的美食，

《上海小笼包》于丰豪

谁来品尝？

生：（读文字）无锡小笼包……

师：流口水了吗？请问于丰豪要向我们介绍的是——

生：上海小笼包的滋味。

师：为什么一开头要写无锡小笼包？

生：为了反衬和对比，突出上海小笼包的美味。

师：像这种的滋味写法，我们可以称为——

生：同类对比法。（师板书）

师：你叫什么名字？

生：李永化。

师：因此也叫——

生：（异口同声）"李永化法"！

第四个层次

师：刚才我们在文字里有滋有味地品味了三种美食，过瘾吗？

生：过瘾！

师：流口水了吗？

生：流了！

师：回顾这三种美食，名称不同，滋味不同，写法不同，在这三个"大不同"的背后，是否在语句上有一点相同之处呢？让我们再次走进文字，细细地比较一下！

生：都是描写美食的滋味。

师：这个大家都知道。能否说说大家不知道的？

生：都用了比喻和拟人的修辞方法。

师：愿闻其详！先看看第一段文字——

生：一股辣辣的、香香的，还有点臭臭的味道就像一支声势浩大的联合军队暴风骤雨般占领了舌尖，游荡在口腔，让一切余味纷纷缴械投降。

生：马上会感觉有一个个顽皮的小精灵在脖子中"按摩"，顺滑鲜爽。

师：第二段有吗？

生：好似一头调皮的火龙在我神经里游走，将辣味的热情奔放传遍我全身的每一个角落。

生：涌出的是蔬菜的清新，这味道仿佛是一位绿色清洁工，一下子清除了刺激的鲜辣和牛肉的油腻，让口腔重现生机。

师：第三段有没有？

生：此刻你就像一位得道的大仙，在味觉的世界里腾云驾雾。

生：里面的肉汁就像山洪暴发一下撞开我的口腔，一股咸鲜的葱香立马包裹了我的舌尖。

师：多有冲击力呀。这些比喻和拟人句，是小作者在品味美食时展开的——

生：联想！（师板书）

师：孩子们，有联想的文字和没有联想的文字哪一种更能勾起你的食欲？

生：有联想的！

师：为什么？

生：文字里有了联想，美食好像就在眼前，让我们垂涎欲滴。

师：活灵活现，这就是联想的魅力呀！

生：文字里有联想，我仿佛正在有滋有味地品味这道美食。

师：身临其境，这就是联想的魅力呀！刚才三位小作者凭借三种方法，就可以具体地写出我们舌尖上的味觉。通过比喻、拟人等联想，就可以把舌尖上的味觉写得活灵活现，让人垂涎欲滴。

在这个教学片段中，"精准"习作知识的创生过程主要在彰显这样的特征：

一是借助生产平台。习作知识在习作教学中不应该是抽象的隔离，而是应该借助一个鲜活动感的生产平台，让习作知识立体而丰满地呈现在儿童面前。在这个案例中，习作知识都是借助儿童范文来生产的，这和台湾教师林钟隆从"一篇篇学童所作的文章中，分析其取材方法，终于归纳出学童取材的来源，皆不脱'看、听、感、想、做'此五种方法"[1]有着异曲同工之妙。心理学研究表明："举例是思维的具体化，是与抽象相反的过程。教例子应当指出如何在这个特殊的事例中揭示出它所说明的一般东西。"[2]将儿童特殊而典型的优秀习作作为知识生产平台，可以成功地引出动态的言语经验，这样的"一般东西"更接近儿童的认知水平，更贴合儿童的言语习惯。当然儿童范文只是习作知识生产的平台之一，可以成为习作知识生产平台的还有视频、绘本、支架、图表等，每一种平台，都为习作知识的诞生营建了温润而鲜活的母体。

二是通过对话推进。习作知识的产生，绝对不能从知识平台上机械生硬地剥离出来，而是通过师生之间的对话渐行渐近的。在这个案例中，教师引导儿童发现——小作者张澜译是怎么写出他舌尖上的味觉的？教师引导儿童比较——薛天棋同学和张澜译的"品味"的方法相同吗？教师引导儿童探究——回顾这三种美食，名称不同，滋味不同，写法不同，在这三个"大不同"的背后，是否在语句上有一点相同之处呢？习作知识的生产过程就是师生逐层深入的对话过程，就是师生协同一致的创造过程。在习作知识诞生前，教师可以预设知识的大体状态，但是绝不能一锤定音，将千军万马引向狭窄的独木桥上来；在习作知识诞生时，教师要即时捕捉对话过程中的"空白点""闪光点""生长点"，与儿童展开进一步对话，让知识生成自然无痕。

三是表述鲜活动感。习作知识的提炼和概括，应当紧靠儿童的言语习惯，对儿童总结的知识方法，教师应当多就少改，尽量避免"术语化"。在上述案例中，教师和儿童一起总结出来的滋味习作知识——"运动变化法""分层列举法""同类对比法"，这三种方法中，第一种比较鲜活，第二种和第三种就显得有些抽象，怎样让儿童牢牢记住这些知识？教学过程中，教师巧妙地将习作知识与总结者的名字联系起来——"运动变化法"也叫"王振宇法"，"分层罗列法"也叫"黄子健法"，"同类对比法"也叫"李永

---

[1] 林文宝.台湾地区作文教学研究与事件[J].语文教学通讯（C），2015（1）.
[2] 韩雪屏.语文教育的心理学原理[M].上海：上海教育出版社，2001.

化法",有力地化解了知识抽象枯燥的问题,让知识的生产环节变得活泼轻松,让儿童创造知识的兴趣不断攀升,激发儿童不断争做习作知识的创生者。教学终结,但是习作课堂上生成的习作知识却能和班级学生名字贴合在一起,不断让儿童快乐地想起,在习作中不断被儿童自觉地用起。

习作知识的创生是否成功,笔者以为有三个评价标准:一是"看得见"——习作知识直观下位,具体清晰,尽量与创生者的名字捆绑在一起,让儿童随时可见;二是"摸得着"——知识本身就包含着操作方式,是随即可以转化的言语技能和技巧,让儿童触手能及;"用得上"——知识的生产原本就是为了化解习作的重点和难点的,创生的习作知识充满了针对性,让儿童一用就灵。

习作教材为"我"而变形

当下，众多的习作教材改革将传统赖以为"教"的习作教材置之不理，不少名师甚至在公开场合宣称"我从来不教教材习作"；在笔者所在学校，不少老师经常捧着习作教材苦思冥想，不知从何下手；在全国各地举办过的习作教学展示和讲座，在互动环节，70%的话题总是围绕"教材习作怎么教"展开。在阅读教材中编入习作教材的历史由来已久，习作教学"教教材"的习惯根深蒂固。为什么我们总认为是"基本问题"甚至"不成问题"的话题，如今却成了"棘手难题"？这就需要我们"回溯到事物本身中去"（胡塞尔语），从众多教材编者认为"可能"的内容去感知一线教师实践中的"不可能"，从教者眼中"不可能"实施的困境中寻觅"有可能"达成的现实场景。

童化作文这项改革，和习作教材从"对抗"走向"妥协"，从"妥协"走向"圆融"，历经了众多曲折与创造，逐步形成了"用教材教"的完整思路。

一、审视：习作教材的"边缘危机"

在第八次课程改革之前，人教版教材一统天下，小学语文教师眼中所见、心中所念的就是那一套教材，儿童习作写什么，教材上已经规定好了；习作教学教什么，只需按部就班，按"材"索骥，即便有什么教学改革，必须以教材为中心画圈，不得越雷池一步。但21世纪以后，伴随着课程标准和多版本小学语文教材雨后春笋般的出现，加之网络时代步伐势不可当地到来，传统的习作教学结构彻底被瓦解了：各版本教材之间有了比较，这就形成了评头论足、自主选择的空间；互联网广泛普及，习作教学资源丰富多元、鲜活动感，静态的教材便无足轻重了。在习作教学观念被颠覆的同时，"泼水将孩子也泼了出去"，习作教材中积极的因素也随之被忽略了，被丢弃了。笔者以为，科学的习作教学观，应该辩证地看待习作教材，整体地理解习作教材，创造性地使用习作教材。

1. 习作教材的资源优势

在写作教学不用"教"甚嚣尘上的今天，习作教材更成了"鸡肋"，加之众多的写作教学改革从"砸烂"教材开始，习作教材的诸多优势效应越发被排挤在教师的视野之外，传统的习作教学经验也随之流失。所以，发掘习作教材原本的魅力，回归教材编者原有的意图，摆正习作教材应有的地位，是改进习作教学方式的一个重要环节。

（1）读写结合。在众多版本的小学语文教材中，读写结合的单元体例成了最为鲜明的特征，在一次教材习作教学之前，有了许多文质兼美的范文铺垫，通过阅读教学获得写作方法，再在习作教学中进行具体实践。譬如北师大版小学语文教材，鲜明地体现了这一特点，以五上习作1为例：

马曾经和人类生活息息相关，请你选择一个内容写一写马。

● 你搜集了那么多关于马的作品，又选出了最喜欢的介绍给大家。现在就写下来吧！

● 如果你生活在农村或牧区，可以写写自己所了解的马的生活。如果你知道有关马的故事，也可以写下来。题目自拟。

● 想象作文：未来的马。

为了写马，该册教材的第一单元都是围绕"马"这个主题展开的：第一课：《天马》（说明文）；第二课：古诗二首——《房兵曹胡马》《马诗》（诗歌）；第三课：《巩乃斯的马》（记叙、抒情）。在单元练习中，各个训练板块也是以"马"为主题："拓展阅读"——马背小学；"畅所欲言"——搜集带"马"的成语，讲讲有关马的成语故事；"初显身手"——找出关于马的绘画、摄影、邮票、雕塑、音乐等艺术品，选出自己最喜欢的作品介绍给大家。在人教版的教材中，读写结合的编排特征也比较鲜明，它还将口语交际与习作自然融合，使阅读、口语表达和习作三位一体。这都是典型的从阅读走写作的主题单元编排，阅读教学、口语交际为习作教学积淀表达方法，汇集了丰富的词汇，提供了相似的参照文本，使每个儿童的习作完成减缓坡度，水到渠成。

（2）训练多样。无论是以前的教学大纲版教材，还是当下的课标版教材，一个鲜明的特点就是课程资源丰富，体现在三个维度：一是习作内容广泛。以人教版小学语文为例，教材一共提供了近90个习作素材，甚至在一次训练中，教材提供2~3个不同的任务取向的写作内容，以供教学选择，在内容上包括写人、记事、写景、状物以及各种应用文、想象文的写作，仅仅"写人"这一项，涵盖自己、伙伴、熟悉的人、敬佩的人、特点鲜明的人等诸多指向。二是文体多元。在小学阶段，文体写作取向并不明显，但是各种文体几乎都有所涉及——记叙文占半壁江山并不为过，涵盖记人、记事、记活动、记想象等内容，覆盖儿童大部分生活；说明文，主要有介绍传统文化、家乡景物、校园景物以及一种物品；议论文，诸如读后感、竞选稿、演讲稿、建议书、我的理想、大自然的启示等基于个人感受的表达。三是写作功能多样。写作总是有一定的意图和目的，哪怕学习写作的"习作"依然目的性明确，从人教版教材安排的近80次习作教学中，我们就可以梳理出若干个"写作功能"："××，我想对你说"是为了解释，为了表白，为了沟通；"我学会……"是为了展示，为了庆祝，为了分享；"写风俗习惯和节日习俗"是为了介绍，为了解说，为了推广；"20年后回故乡"是为了探索，为了畅想，为了惊叹。在每一篇习作教材后面，都潜藏着各种交往功能，为习作教学提供了个性化的开发空间。

（3）广泛适应。作为教材，服务地域广泛，遍及天南海北，因此具有普适性和基本性。当下的习作教材中，呈现出主动适应教学，主动适应儿童生活的趋势，苏教版小学语文最为明显：一是季节适应。在苏教版教材中，有三次习作与季节有关——四下习作1写"春游建议"，五上习作3写"秋天的树叶"，五上习作7写"眼中的冬天"。在教学时间上，恰逢其时，教学生活协调一致。二是时事适应。四下习作4，以广为人知的"非典"导入，引导儿童关注时事，畅谈看法；五上习作1，正逢教师节，让儿童"写一位留下深刻印象的教师"；六上习作1，让学生写暑假"感受最深的一段生活经历"；六下习作7，小学学习结束了，打开记忆闸门，"给老师写一封信"。这样的教材编排，与儿童当下的生活自然对接，习作教学也顺理成章。三是民俗适应。三下习作5，介绍当地端午节风俗；五上习作7，在四个任务选项中，有"盼春节"——春节到了，谈谈你准备怎样度过这个春节；六上习作3，介绍你喜欢的一种地方美味。这些训练比较"接地气"，与地域文化相适应。四是文化适应。在苏教版教材中，不少教材习作与儿童文化一脉相承，深受孩子喜欢：四上习作1，按照心愿设立一个节日，并想象自己和别人是怎么度过的；四上习作6，挑选一两个卡通人物，重新编故事，也可以自己设计一个卡通人物，给他起一个好听的名字，让他走进编的故事中；六下习作2，老师不在场的时候，你和小伙伴之间一定发生过许多老师不知道的故事，无论好事、趣事还是错事，都可以写下来。诸如此类，儿童喜闻乐见，写起来乐此不疲。

2. 习作教材的教学困境

按说，小学语文教材给习作教学带来如此丰盛的课程资源和教学便利，应该深受广大师生的喜欢，可事实并非如此，一些习作素材，一旦成了教材，就会面孔强势，机械僵化，让教师失去教学选择权，让儿童失去自主表达的愉悦感。

（1）制造教学。教材习作常常是习作教学的"不速之客"，贸然而生硬地闯入教学之中，让教师措手不及。譬如西南师大版小语教材五下习作5："长这么大，一定做过家务吧。有没有上街买菜闹了笑话？有没有协助长辈做事却帮了倒忙？有没有自己做出饭菜让爸妈赞不绝口？……选择一次印象深刻的做家务事的经历写下来。"这样的习作教材看似没有问题，可是一旦搬到教学中来，就会发现当下的孩子做过家务事的并不多。要完成这样的习作，就得作前安排孩子向家长学习一种家务劳动，孩子带着习作任务去学做家务，学习的愉悦荡然无存。在语文教研活动中，教师们就会商议："最近要写家乡一处美景了，我们搞一个观察活动吧？"一提到户外活动，孩子们不是欢呼雀跃，而是胆战心惊地问："要不要写作文？"当下的习作教学从来就不是顺理成章的，常常是活动先行，教学后置，教学成了活动的后缀。儿童的习作兴趣就是在这"炮制"出来的习作教学中丧失掉的。

（2）训练分散。当下的习作教材基本是"拼盘式"的，每一册教材写作内容五花八门，训练项目包罗万象，同一种训练内容，常常分布在几册教材中。以人教版为例，写人的习作一共有五次：三上"写一个熟悉的人"，三下"向别人展示一个真实的你"，四下"我最敬佩的人"，五下"一个特点鲜明的人"，六上"介绍自己的小伙伴"。每学期还练习不到一次。作为刚刚学习习作的儿童，每一种内容零星分布，教学浅尝辄止，这与训练的本义是相悖的。何为"训练"？《现代汉语词典》中解释为："有计划有步骤地使具有某种特长或技能"。在写作中，"写人"和"记事"、"写景"和"状物"在技法上是有差别的，每个习作训练项目，不是光靠分布在几年中的几次训练可以达成的，需要"有计划、有步骤"地集中实施，才能初步达成。因此小学毕业，很多学生不会写人，不会记事，写不成基本文体的习作，就不足为怪了。同时有的习作教材内容陈旧，几十年过去了，面目依旧，譬如苏教版的教材五上习作1："在教过你的老师中，一定也有给你留下深刻印象的吧，请你选择其中一位写一写。可以写他在外貌、性格、教育方法等方面的特点，也可以写他帮助你、教育你的一两件事。"现在已经进入后喻文化时代，师生关系已经发生翻天覆地的变化，"写教师"也应当与时俱进，走出这样一个约定俗成的教化"套路"。

（3）要求笼统。纵观课标版有影响的几个版本的小学语文教材，有一个"集体性"缺陷：习作教材关注的几乎都是"写什么"，具体而清晰；至于"教什么"，含糊而笼统。这给习作教学带来了巨大的不便，也是影响当下习作教学实效性的一个根本症结所在。以语文版小语教材中写故事的习作为例：

三下习作8：选择一件你和书之间发生的故事来写，怎样把印象深刻的部分写具体？

六上习作6：写一篇作文，讲讲你和书之间的故事。你写的故事和什么书有关？这本书什么内容吸引了你？你和书之间有什么故事？你从书中得到了什么？怎样将你和书之间的故事写得既清楚又能吸引别人呢？

　　不同年级同写"我和书之间"的故事，在习作要求上似乎差别不大——三年级"印象深刻的部分"不正是六年级的"这本书什么内容吸引了你""你从书中得到了什么"？并且三年级的写作空间比六年级还要大。同为故事，同为由书引发的故事，在教学内容上到底让教师"教"些什么呢？教材上语焉不详。

　　五下习作1：《神鸟》中说，有很多人都想得到神鸟，可是谁也没有捉到。请发挥想象：神鸟和那些前来捉它的人之间可能发生哪些故事？挑一个写下来。你编的故事中有哪些角色，他们之间发生了什么事情？想一想怎样把这个故事写清楚、写完整。通过这个故事，你想表达什么？

　　六上习作1：假如你有一只尼尔斯鹅，将会发生怎样的事情？把你想到的写下来。你想象故事发生在什么时候、什么地方、有哪些重要的情节？通过想象的故事，你要告诉别人什么？

　　六下习作2：编写科幻故事。怎样通过想象反映人们健康向上的情感和美好愿望？怎样写出自己的真情实感？怎样将故事的经过写清楚，写具体？为了让自己编写的科幻故事能吸引读者，该给故事取个什么题目？

　　这三篇习作教材同为"想象故事"，分别分布在连续的三个学期。站在课程的视角来审视，这是习作教学非本体性教学内容，执教者无法从教材中看出"想象故事"这个习作内容在教学目标上的阶梯性分布，三者之间难以构成一条清晰的教学内容逻辑，因此在现实的教学中，只能"花开三朵，各表一枝"。作为习作教材，同类习作内容分布在不同的年段中，应该在习作要求上体现循序渐进、螺旋上升的教学递进，应该在教学内容上清晰告诉教师和儿童，通过本次习作，我们要习得怎样的写作技能，借助怎样的习作知识、技能达成"写具体""写清楚""写完整""写生动"的要求。

二、建设：习作教材的"童化建构"

习作教材在当下的习作教学中处境犹如食之无味、弃之可惜的"鸡肋",成了习作教学面向儿童、走向实效的"瓶颈"。童化作文教学多年来形成"用教材教"的教学观——从教材出发,以儿童的交往取向建设教材,为每篇习作教材开发功能情境,蓄积写作动机;以儿童的文化视角理解教材,让每类教材有具体的教学内容,提高教学实效;以儿童的多彩生活丰盈教材,让每篇习作教材灵活分布,同构当下生活。以此逐步构建儿童文化、当下生活、习作教材同构共生的童化作文课程。

1. 开发功能情境

我国的写作教学体系建立在"写作是认识自然、认识社会、认识自我的工具"这样的本体论上,与西方的"写作是书面交际"的取向存在着差别。认知取向和交际取向孰优孰劣,笔者不敢妄言,但是基于小学习作课堂,交际取向更适合儿童情趣和天性。一篇习作教材,教师怎样带给课堂上的每个儿童,并一下子激起他们的表达欲求?这里有一个"功能情境"再开发的过程。譬如苏教版四年级上册习作3:"同学们,你的家乡肯定与众不同,请给你远方的亲朋好友写一封信,选择一两个方面,介绍自己的家乡。"这样的教材表达,与当下的童年生活情境相去甚远:"家乡与众不同"——这不是儿童的生活发现,也不是儿童的亲身体验;"给远方的朋友写一封信"——写信不是儿童常用的交往方式,难以激发儿童的表达欲望。这样的教材如果直面儿童,写作无疑是一次痛苦的旅程。如果将这样的写作话题"切换"到一个儿童的生活场景中,习作教学将是另外一番天地:今天,我们学校收到了一封特别的来信,是远在美国的校友寄来的,大家想读一读吗?

尊敬的母校师生:

你们好!我是咱们学校六十多年前的一个学生。当年在母校读书的情景至今还历历在目。离开母校,离开家乡已经五十多年了,我无时无刻不思念着自己的家乡,多少次,我在梦中回到了家乡,回到了母校!

听说家乡近几年发生了很大变化，我很想回去看看，可是因年岁较大，腿脚不便，因此回家乡看看的愿望始终没有实现。于是，我就想到了你们——我的母校老师和同学们，你们能将现在的家乡向我介绍介绍吗？请体谅一位海外游子深切的思乡之情！

祝大家工作、学习愉快！

李铭华于温哥华
2016 年 9 月

读了这封信大家会有怎样的感受呢？是呀，我们应该满足这位老校友的心愿，尽快给他回信。校长把回信的任务交给了我们班，大家愿意吗？经过这样的二度开发，教材一下子充满了魅力。由此可见，"功能情境"充满着情感召唤，赋予了习作真实的任务指向，激发了儿童内在的表达欲求。其实每篇习作教材都潜藏着一个功能情境，或解说，或建议，或解释，或介绍，或分享……习作教材一旦与适合童性的"功能情境"相匹配，无疑为习作明确了立意，为儿童写作蓄积了动机。

2. 对接儿童生活

现行的各种版本的习作教材尽管注意和儿童生活衔接，但是受地域文化的影响，教材难以做到尽善尽美，甲地区深受欢迎的篇目到了乙地区可能遭受冷遇。怎样减少这种地域文化性"损耗"？教学成了必不可少的中介和桥梁。一是地域对接。将习作教材中写作内容下降"高度"，直通儿童生活的"地气"。譬如人教版教材四上习作 5 "写写介绍'世界遗产'的导游词"，小学四年级的孩子，如果再生活在农村，"世界遗产"可能闻所未闻，在教学中，不如让他们为自己的家乡的一处风景名胜写导游词，可能更具有操作性。教学内容是"导游词"，至于写什么地方的"导游词"，的确无关紧要。二是节日对接。习作教材安排的写作内容实在有些"无厘头"，譬如西南师大版教材五下习作 5 "选择一次印象深刻的做家务事的经历写下来"，现在的孩子，特别是城市里的孩子，谁做过家务事？即便做过，也是学校布置的任务使然。在教学这样的习作时，不妨与该时段的"母亲节""父亲节"有机链接，让教学和写作都能师出有名，不显得局促唐突。三是文化对接。习作教学要"教"到儿童痒处,"写"到儿童心底,就得了解儿童文化。苏教版教材六下习作1"请选择假期感受最深刻的一段经历,写一篇作文"。在儿童文化中,越是做"隐秘"的事情,体验就越真切,感受就越"深刻",就越发充盈童真童趣。笔者在教学本教材的时候,紧扣一个"偷"字:从古诗《池上》引出"偷",从"偷采白莲回"的趣事中唤醒儿童"偷"的往事,从作家笔下关于"偷"的描写,渗透"偷"的写作技法,教学过程自然舒展、开放蓬勃。能产生这样的教学效果,全在于一个"偷"字:因为"偷"与儿童追求自由、享受快乐、喜欢历险的游戏精神一脉相承,是消解儿童精神遮蔽、打开儿童言语枷锁的一个有效的"魔杖",教师一旦把握,习作教学就水到渠成,妙趣横生。

3. 搭建教学阶梯

当下习作教材写作内容零散杂乱,写作知识星星点点,加之课程标准对写作知识的淡化,使得习作教材在教学内容上任凭教师依靠自身经验去随意"生产",缺乏明晰的教学内容阶梯,这就需要我们每一个语文教师站在整个小学阶段的习作教学层面上去精心规划,统整教材,统筹教学,让每一次习作教学都能拾级而上。一是教有"起点"。任何一次习作训练进入课程视野,实施者得有一个基本的常识认知:这种文体训练学生已历经几次,须明确他们已获得哪些写作知识,已掌握哪些写作技能,这是一堂习作课展开的逻辑起点,有了这些清晰的起点,同种文体的习作教学,在不同的年级之间才会有明晰的边界。二是教有"逻辑"。习作教学作为一门课程,就得有前后贯通、相互关联的教学内容结构。一方面,同种文体在不同的年段中,教学内容方面要有一个清晰明朗的阶梯:年段不同,写作目标不同,教学内容各异,教学方法也有差别。在这个逻辑朝向中,各种文体教学有张一目了然的教学线路图。以人教版"学会"类的习作为例(见下页表)。作为教师,要为整个小学阶段各种类型的写作内容罗列出各年级相对应的教学内容,这样"教"才能循序渐进,左右逢源,上下贯通,执教者才会自觉意识到本次教学将抵达何方,既避免"教"无目标,笼统盲目,也有效遏制了"教"无边界,随意延伸,肆意"创造"不切实的高度。

教材分布	写作内容	教学内容
三年级下册	我学会了	用连续动作描述学会本领的过程
六年级下册	学会生存	将学习生活本领的过程写得一波三折

4. 规范教学流程

基于教材的习作教学是有根基的，它与教材有着千丝万缕的联系。相对于自主开发的习作教学内容，它基于一组主题相同、文体各异的阅读教材，在习作教学开始之前，就有了前期阅读积累、写作知识渗透、口语交际实践。因此，笔者以为，教材习作教学有着自身独特的教学流程：从单元主题切入，引出习作话题—选择最贴切样章，唤醒自我习作资源—基于写作本位，渗透习作方法—聚焦教学内容，现场片段练笔—当堂互动评改，进行典型指导—完成全篇习作，全班二次交流。采用这样的基础流程，有着三点考量：一是用足教材资源。既然当下的习作教材编写以主题单元的形式呈现，将阅读、口语交际、习作融为一体，那么尽管阅读、口语交际有着自身的价值指向，但是都可以卷入习作教学，成为习作教学的预备环节，并为习作教学提供教学内容（知识、技能），为儿童写作输送文本支架（布局谋篇、言语积累）。二是选定教学载体。在主题单元中，有多篇课文，教师要选择与习作内容相似度、贴合度最高的一篇教材作为习作例文，本篇教材的教学要基于"写作本位"展开，达到习作素材由此唤醒，教学内容由此生成。三是聚焦训练片段。课堂练笔不能贪大求全，应当围绕教学内容进行，本次习作"教"什么，课堂片段就应该"练"什么，互动评点就应当"改"什么。因此，当堂练笔在内容上应当明确，在目标上不可游离，在儿童的习作中应当凸显。一句话，教材习作有着自身的独特的逻辑系统，汇聚着编者的教学意图，任何教学改造和教学创新，都应该遵循教材内在的逻辑体系。

功能情境指向"为什么写"，儿童生活指向"写什么"，教学阶梯指向"教什么"，教学流程指向"怎么教"。前两者围绕习作主体——儿童，体现着习作教学的人文性；后两者围绕教学主体——教师，彰显着习作教学的工具性。这四者在习作教学中有着各自的担当，不可或缺，不可偏废，构成了教材习作教学的基本框架体系。

三、实践：习作教材的"童化变形"

习作教材是一份重要的课程资源，不仅值得"教"，可以"教"，而且对儿童言语和精神发展有着无可替代的作用，是任何习作教学无法绕过和必须破解的研究命题。2005年以来，童化作文教学坚持教材"童化"和课程开发两足并举的路径，充分挖掘教材中的积极资源，努力弥补教材中的短板效应，使基于教材的习作教学"教"出动力，"教"出活力，"教"出魅力，"教"出能力。

1. 换位："总有尺码适合你"

教材是编者根据课程目标编写的，有些话题看似很有素材可写，但是实际操作时，往往在课堂上遭受"冷遇"，因为编者与作者的认知之间存在着一定的落差。怎样让儿童走进教材？习作教学需要选择适合的视角，使儿童在习作中发现自己，找到自己的影子。譬如，教学苏教版五上习作1，教材是这样呈现习作内容的："在教过你的老师中，一定也有给你留下深刻印象的吧，请选择其中一位写一写。可以写他在外貌、性格、教育方法等方面的特点，也可以写他帮助你、教育你的一两件事。"我和儿童之间有一段别有意味的对话：

生：老师，可以不写这个题目吗？

师：与老师朝夕相处，为什么不愿写？

生：课文中田老师太好了，每一堂课，都将课文编成一个引人入胜的故事讲出来，想想教过我的老师，真的没有什么可以写的！

生：老师都写过好多次了，从三年级就开始写，都写了好几回了！写来写去，我真的没有新的内容可写了！

生：写老师，我们只能写他的好，内容无非就是成绩退步了，帮我补课；我犯了错误，耐心教育我。写着写着，就不知不觉地编了许多假话……

这样一个"经典"的习作话题，却在儿童眼中乏善可陈，原因在于他们的年龄太小，对老师的教育方法还缺乏正确的理解，再说，教师和孩子的心理距离太近，难以产生美感，真正走进儿童心中的老师的确不多。所以，许多赞颂老师的名篇，都是学生在成年之后写的。儿童既然有着这样的反应，为什么不能设身处地，巧妙地转换习作的话题角度？或许习作难点会"柳暗花明又一村"，成为教学的热点和亮点。于是，笔者话锋一转："既然老师这么难写，我们不妨将这篇习作变变形，如何？"大屏幕上立即出现了一组题目：（1）我最喜欢的一位老师；（2）假如我来当老师；（3）我当了一次"小老师"；（4）我和老师（　　　）。

孩子的眼睛立即变亮了，教室里的气氛一下子活跃起来！因为每个孩子都能从这组题目中找到适合自己的言语"尺码"：从写作内容上看，有写实的，也有想象的；从写作对象上看，有写自己的故事的，也有写教师的故事的，还有写自己和教师之间的故事的；从写作自由度上看，有命题习作，也有半命题习作。教材习作经过这么魔术般的"变形"，给儿童带来了更大的写作空间，离儿童的生活更近了，与儿童的心灵贴得更紧了。

童化作文一直认为，小学阶段是儿童写作的起步阶段，系统的写作技能训练固然重要，但是儿童当下对写作的态度，对写作的兴趣，以及个性化的言语潜质，对未来的有责任、有意识、有素养的"写作人"的培塑至关重要。如果我们只是为了达成眼前具体而明确的写作目标，而忽视了儿童内在的言语诉求，轻视了儿童个体的言语心理结构，这样的习作教学，这样的写作训练，对儿童的言语和精神发展有何意义？

2. 延伸："将趣事进行到底"

教材习作中，不少习作话题具有开放性、包容性、发散性，话题的任何一个走向都能唤醒儿童曾经乐此不疲的生活，都能将儿童带往一个心向往之的习作情境。此时习作不能浅尝辄止，应该顺势而为，充分利用儿童表达自己的强烈诉求不断拓展话题的外延，不断为儿童习作引发新的故事视点。出差回来，一走进教室，孩子们笑脸如花，神情间抑制不住言说的冲动。

师：离开大家一个星期了，咱们班发生了哪些开心事？赶快告诉我！

生：高老师给我们代语文课，学完《半截蜡烛》，他让我们自编、自导、自演课本剧，可有意思了！

生：老师，在数学课上，施佳回答下老师的提问，徐阳阳用脚轻轻将她的椅子移到了旁边，结果施佳一屁股坐下去，重重摔在地上……

生：上完体育课，曹嘉诚将上衣斜穿在身上当袈裟，把拖把倒立起来做禅杖，自称"花和尚鲁智深"，又走到倪佳凯面前，弯腰抱住他的身子，说要"倒拔垂杨柳"，结果倪佳凯轻轻一抖，曹嘉诚就摔在了地上！

生：陈非凡在英语课上突然大叫一声，大家掉头一看，只见他满嘴墨水，手里握着一支钢笔。原来他平时上课喜欢咬笔杆，可是今天不知哪儿出了岔子，送到嘴里的不是笔杆，而是刚刚才吸满水的钢笔尖！

孩子们的情感闸门仿佛被一下子打开了，话语像激流一样前赴后继，掀起了一朵朵美丽的浪花。趁着势头，笔者出示了苏教版教材六下习作2——"老师不在场的时候，你和小伙伴之间一定发生过许多老师不知道的故事，发生过你从没对别人提起过的事。无论是好事、趣事还是错事，都可以写下来。"六年级的孩子写故事，自己的故事，表达几乎没有障碍。教室里安静极了，不到半个小时，一篇篇妙趣横生的文字便"应运而生"！写完这篇习作，孩子们意犹未尽，仍不时追着我说："老师，写写宿舍吧，我这里有许多趣闻呢！""老师，还有餐厅，那里的故事可多了，今天中午……"孩子们写作热情高涨，笔者也深受感染，决心将趣事进行到底，一鼓作气开发出"趣事"写作的系列：

系　列	故　事
餐厅趣事	"王氏蛋炒饭" "嘴巴机关枪" "香蕉地雷" 等
校车趣事	"抢座位" "尴尬的插嘴" "发箍躲猫猫" "四爪朝天" 等
路队趣事	"冤家路窄" "踩鞋带" "站岗风波" 等
宿舍趣事	"夜半铃声" "扮鬼" "个人演唱会" 等
家庭趣事	"车库急救" "尿凳子" "脸上的鸡屎" "捉鬼记" 等

身处童年的孩子，寻求新鲜快乐的生活是他们的本性。教室里的追逐、楼道里的游戏、草丛里的寻觅、雨中的球赛、队伍中的私语、自习课上的哄笑……童年的故事就是这样毫无预设、漫不经心地发生着、行进着、消逝着，在教师和家长眼中，是"无知的嬉闹"，是"冥顽的童性"，可是在儿童眼里却是一次意外的快乐，却是一个特别的发现，却是一种别样的交往。每个儿童都是一个快乐的精神世界，都拥有一个丰盈的生活世界。因此，我们的习作教学不应仅仅局限在教材上，而应从教材出发，学会"往下看"——做儿童生活世界的全心体察者、细腻观察者、耐心发现者，及时为儿童开掘适合的言语通道。与此同时，我们用自己的细腻去影响儿童的细腻，用自己的敏感去激活儿童的敏感，引导儿童"向己看"——写作就是写自己，写自己的小游戏、小发现、小制作等等。只有这样，写作的雪球才会越滚越大，习作教学才会与儿童生活息息相关，写作才会成为儿童生命的美丽成长姿态。

3. 放大："慢慢走，欣赏啊"

在习作教材中，优质教学资源不在少数，不少教材内容儿童喜闻乐见，体验丰富，一旦进入习作课堂，孩子们会产生欲罢不能的表达冲动。譬如苏教版教材四上习作6——"你喜欢哪些卡通人物？请展开想象的翅膀，从中挑选出一两位，重新编个故事。你也可以自己设计一个卡通人物，给他起一个好听的名字，让他也走进你编的故事里。"遇到这样的习作训练，不要"好风凭借力"般地急于求成，而要故意放慢脚步，让适合儿童的优质写作资源不断放大，持续生成，不断丰厚，原本的单个的习作"训练点"被拓展成一条连贯的习作"训练链"，将儿童裹挟其中，成就一段丰富而美好的写作旅程。

于是，原本的周训练被扩展为月训练，原本的写作话题被增容为写作主题，一场声势浩大的"卡通写作节"拉开了序幕：

之一，"说说卡通"——介绍最喜欢的一个卡通明星，搜集与之相关的资料，为他撰写一份"英雄谱"。

之二，"画画卡通"——举行卡通设计大赛，展开想象的翅膀，设计一个属于自己的卡通人物形象，给他起一个名字，并为自己的创意写一份解说词。

之三，"联联卡通"——将自己设计的卡通人物与自己熟悉的卡通明星放在一起，想想他们之间会发生怎样的故事。先向自己的伙伴讲一讲，相互补充，再试着将这个精彩的故事写下来。

之四，"写写卡通"——自己设计的卡通人物复活了，来到你的生活中，想一想，你和他之间会发生怎样的故事？试着写下来。

就这样，精彩的瞬间被延展成一幕幕精彩的故事，通过"慢镜头"，一帧一帧播放出来，让儿童徜徉其中，创造其中，表达其中；就这样，单篇的习作教材，被建构为一个完整的写作单元，让儿童用想象为自己的童年描绘出一轴五彩斑斓的画卷。

童化作文就是要倡导这样的"主题性习作单元"。在主题的统整下，习作教材被重新"打包"，划分成连贯有序的训练点，点点相连，最会交汇成一个整体的训练"面"。这样做，一方面拓展了写作容量，增强了训练的密度，同时提高了习作训练的质量和厚度，为儿童创造了一个立体的写作空间；另一方面通过点点落实，层层递进，形成了一个自然的训练坡度，既化解了"篇"的写作难度，又为儿童的整个写作过程搭建了一个有效的阶梯。

4. 同构："搜索共同的言语频道"

日常的习作教学中，我们经常会遭遇到一些不速之客——"按照写'新闻报道'的方法，写一次体育比赛或学习竞赛。"（苏教版教材五下习作3）说实话，对于体育比赛或学习竞赛不会未雨绸缪，预先为习作教学准备好。即使儿童以前经历过，作为"新闻报道"，已经失去了写作价值。因此，要进行这样的习作训练，必须当场举行一场体育或学习竞赛。

为了写作，去制造活动，让写作成为活动的"后缀"，使活动失去了应有的快乐。怎样让习作教学顺势而为、自然发生？笔者决定"借船出海"。本册教材的习作4是写一篇参观记，本学期的综合实践活动是"快活林山庄一日游"，我是否可以将"新闻报道"训练有机地搭载其中？经过反复谋划，一个清晰的教学路线图便呈现在眼前：

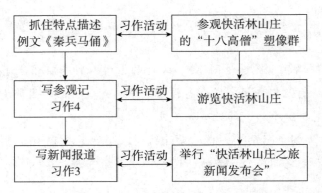

经过整合，教学分三步进行：学习课文《秦兵马俑》的写作方法，用片段描写"十八高僧"塑像群，为下面"写参观记"中的"选择代表性的景物重点写"这一要求做好了知识铺垫，有机化解了指导难题。而举行"快活林山庄之旅新闻发布会"则是为了交流活动发现，分享活动收获，却又为"新闻报道"教学提供了一个鲜活动感的教学场景。这三步环环相扣，点点到位，让文本教材、儿童活动、习作教学在共同的言语频道中同构共生。实践证明，利用同一"经度"的儿童活动将不同"纬度"的习作训练巧妙糅合在一起，不仅有效，而且事半功倍。

看似"异质"的习作教材，只要找到一个相通的言语频道，就可以巧妙地"同构"在一起。所以我认为，习作教学不能够拘于"一城一地"，循序渐进；也不可以紧随教材的编排序列，按部就班。我们应该树立大的"习作课程观"，超越篇与篇的界限，跨越类与类的沟壑，将习作教材、儿童生活、综合实践活动放在一个共同的言语频道中进行整体性规划，利用不同的教学空间和言语纬度为儿童写作勾划出一张张多姿多彩的心灵地图。

教材习作，不应当被排斥在写作教学改革之外，不应当成为教者创新教学的"镣铐"。只要我们从儿童立场观照教材，就会发现一片广阔的教学天地；只要我们将儿童生活引入教材，就会获得一股不竭的源头活水；只要我们用儿童文化丰富教材，就会给童年留下一串鲜亮的言语足迹；只要我们用儿童活动重构教材，就会生成一张快乐的写作地图。

博客成就"我"的作家梦

关于儿童写博客，当下的教学界对此莫衷一是，不少专家认为：让儿童过早运用博客写作，会让写作走向成人化、娱乐化，同时这也是导致网瘾形成的根源。可是无可辩驳的是，儿童博客写作有利于儿童写作能力的提升、写作兴趣的激发。作为面向儿童的习作教学，童化作文作出即时性应对，利用博客的自主性、开放性、互动性等优势，为儿童写作提供一个更加开阔的教学天地。笔者从儿童文化视野出发，提出了"儿童博客写作"，并进行了行之有效的实践探索，让儿童、教师、家长之间在博客的平台上找到了一个共同的言语和精神频道，为习作教学打开了另一扇窗。

一、儿童博客写作的提出

在习作教学中提出"儿童博客写作"，不是空穴来风式的另辟蹊径，而是对当下真实语境的积极应对，以及对场景中儿童言语交往的真切体认。

1. 这是网络时代的必然

在浙江某中等学校对学生使用的信息手段进行了一次调查，在回收的285份问卷中，仅有10位学生不了解QQ，有96%以上的学生拥有自己的QQ。同时有73.4%的初三学生在小学就拥有了QQ，80.9%的初二学生和93.3%的初一学生在小学就拥有了自己的QQ。从这组数据中，我们可以看出大多数城镇儿童都能熟练运用网络手段进行言语写作和言语交往。在当下，网络已经成为儿童发表见解和交流思想的一个重要的工具。

2. 这是习作教学的应然

传统的习作教学，从儿童开始写作到习作得到教师的评价，至少需要一个星期的周期，甚至更长；儿童习作的主要读者是教师，写作的根本目的就是让教师批阅，让教师作评价；儿童写作是一项训练，是一项作业，儿童的言语没有对象，不能成为交往情境中的言语。而儿童博客写作却能改变这一局面，突破这些瓶颈，它让每一个儿童的习作得到及时性评价，并拥有更多的读者；它让儿童从被挤压的"作文者"走向一个自由的写作者、愉悦的阅读者、负责的评点者；它让儿童真切地感受到：我的写作是为自己的（与周围世界交往的一种工具），我的写作对他人有意义（习作因为读者而真实存在，能给读者带来另外一种新鲜愉悦的生活世界）。

3. 这是儿童文化的使然

上海市少年儿童研究中心针对少儿博客的相关调查显示，75%的人表示参与网络日志交流后，朋友间增进了彼此的了解和关心，"多知道了朋友的情况或想法"（64.4%）、"朋友更明白了自己"（52%）、"朋友间多了互相关心"（51.6%）。从单一的表层上看，儿童写博的始作俑者是交往需求。从成人与儿童行为对比的深层看，儿童独特的文化体征从中推波助澜：儿童有一颗好奇心，凡是一切新鲜的事物对儿童来说，都充满着吸引力；儿童有一颗游戏心，善于从平凡的事物中发现乐趣，获得乐趣；儿童具一颗梦想心，他们的认知和情感能在主观和客观、理想和现实之间纵横交错，进退自如。博客，就可以满足儿童精神深处的文化需要，它能给儿童提供一个自由自在、鲜活动感的个性空间（页面自主设置）、创造空间（建立好友圈，给自己不同风格的文字建立不同家园）、游戏空间（建立相册、播客、音乐等专辑）。

儿童博客写作满足了网络时代儿童交往的需要，重建了传统习作教学的方式和结构，适应了当下儿童精神文化的潜在需求。既然网络对于儿童来说是一把双刃剑，既然网络让当下的儿童如此迷恋，我们为什么不因势利导，为教育所用，为教学所用，为儿童的言语和精神成长所用呢？

二、儿童博客写作的价值

博客虽然只是儿童写作的一种手段,却能使写作更接近它的本原意义,让习作教学变得更加顺畅自然:从"器"的形而下视角看,可以最大可能地激发儿童的兴趣,激活儿童的写作潜能;站在"道"的形而上立场看,可以让写作成为儿童的一种生活方式,培养其自觉的言语交往意识。

1. 培养鲜明的读者意识

儿童博客写作,一个根本的目的就是告诉儿童:写作不是为了完成作业,更不是为了让老师批阅,而是为了将自己的故事写给别人读,讲给别人听。要让别人读得懂,就必须把意思写清楚、写明白;要让别人读得明白,就必须将内容写具体、写连贯;要让别人读得舒服,读得愉悦,就必须将文字写生动、写形象;要让别人读出感情,读出自我,就必须真心实意写作,写出自己的真情实感。当儿童心中有了读者,写作就有了责任,笔下的文字便有了方向,此时此刻,儿童真正成为名副其实的写作主体。

2. 构筑共同的话语世界

习作教学中,习作是教师和儿童之间交往的载体。传统的习作教学,习作在教师和儿童之间是单维的,即儿童写作—教师批阅—儿童回顾反思(如图A)。这就是一篇儿童习作诞生到结束的价值实现过程。作为儿童,应命而作,应对的唯一读者是教师;作为教师,唯文是瞻,因文而导,所有责任就是作为一名言语"医生"。师生之间仅仅存在一种纯粹的教学关系。而儿童博客写作,营造的是一个话语世界:同伴之间、师生之间、亲子之间、教师与家长之间、成人与儿童之间实现了多维互动(如图B)——在博客平台上,以习作为载体,不断进行着言语交往,不断进行着情感融合,不断生长着言语智慧。在这个话语世界中,儿童、教师、家长、伙伴都是自由的话语者,平等的交往者,真情的赞赏者,诚恳的建议者;在这个话语世界中,儿童习作不断走向完善,逐渐成为"作品"。

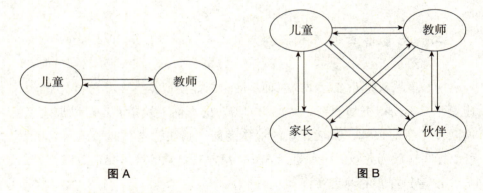

图 A　　　　　　　图 B

3. 构建互助的言语平台

儿童写作博客，不是一个孤立的、游离的单体，而是教师博客统领下的写作共同体。在这个共同体中，每一个儿童写作个体都能从集体中获得力量。"求助"——借助"好友聊天"工具，获得启发，寻求灵感；"借鉴"——从全班"同题异构"的不同风格的习作中获得滋养；"点评"——对同伴的博客发表自己的见解，有语句方面的，有篇章结构方面的，有表达方面的；"共读"——当读到优秀习作时，可以通过"发纸条""写留言"的方式向全班同学推荐，也可以发在班级公共博客上，让大家欣赏。这样的言语互助方式，创造美国平民教育奇迹的雷夫老师也感同身受："通过阅读同学的作品，他们开始懂得如何区分写作的优劣，在学年结束前，我带的五年级学生已经很少有单词、句法或句型错误，甚至能巧妙地运用不少写作技巧。"[①] 儿童博客写作，给予儿童同伴互助更宽广的视野、更丰富的互助对象选择，同时让教师从繁重的习作批改中解放出来，做一些事半功倍的事情。

4. 搭建个性的成长舞台

"一花一世界，一树一菩提。"一个儿童博客其实就是一个丰富的精神世界，裹挟其中的儿童是自主的——可以给自己的博客命名，可以给自己的博客换装，可以给自己的博客添加各种风格的背景音乐，可以给自己的文字加上不同表情，可以在大主题下，选择自己喜欢的素材，"在我的写作王国中，

---

① 雷夫·艾斯奎斯. 第56号教室的奇迹 [M]. 卞娜娜，译. 北京：中国城市出版社，2009.

我是不容置疑的王"[1];是自由的——在一个相对固定的时间段里,运用编辑功能,随时可以添加自己的博文,随时可以删减自己的博文,随时可以置换自己的博文,随时可以欣赏同伴的博文,随时可以点评他人的博文;是自得的——在教师和同伴的评点中,每个儿童都可以获得写作的尊严和成功的体验,即使是写作有问题的孩子,他至少知道,自己的习作也有人愿意读,也可以修改成优秀习作。其实,在儿童博客写作中,每一个孩子写作过程中都有一个重要的心理趋向,那就是我要与众不同,我要给大家耳目一新的印象,我要让老师和全班每个同学都来读我的习作。于是每个孩子身上的创作力、想象力都被唤醒了,都被激发了,于是个性化的习作也随之诞生了。

儿童博客写作,会让孩子成为一个真正的写作者,会让孩子成为一个真实的言语交往者,会让孩子成为一个童年生活的分享者,会让孩子成为一个富有个性的创造者。

三、儿童博客写作的实践

开博容易写博难,如果让一个孩子生长出持之以恒的写博耐力更难。在儿童博客写作教学的实践中,我努力做好启动、写作、互动、维持四个阶段的工作,步步为营,在写作内容层面激起儿童内在的写作需求,在写作评价层面建立一个恒久的动力机制,从而让"写博"成为班级每个孩子最简单的行动,"读博"成为班级每个孩子最快乐的时光,"评博"成为班级每个孩子最向往的活动。

1. 博客启动阶段:原来开博并不难

一提网络,大家就会与游戏聊天联系在一起;一提博客,大家就会和诸多的文化娱乐界名人挂起钩来。让小学生开博写作,需要在舆论上做好准备,在技术上形成支持,在版式上生成个性,这是一个精心筹划的过程。

(1)同伴引领。儿童是否可以开博,儿童是否能够开博,媒体上多有争议,但是无可置疑的是"儿童博客写作"在国内不少学校已经有成功

---

[1] 周国平. 各自的朝圣路 [M]. 太原:北岳文艺出版社,2004.

的范例。"同伴引领"是带领儿童了解博客、走上博客写作之路的一条捷径。在项目启动之时，我先后向孩子们推介了网络上比较有名的"张文逸博客""叶周博客"。从博客的板式到博客的内容，让每一个孩子觉得：博客就是"心灵家园"——想听、想说、想写、想画、想交流、想对话、想发表、想结识朋友，都能在博客中找到与之相对应的空间。博客原来并不神秘，原来博客离自己距离很近，原来博客可以让生活更加精彩，原来博客可以成为成长路上的一道风景线！

（2）技术支持。利用信息技术课，我和学校的信息技术专职教师一起，帮助每个孩子建立博客，为了方便链接，我们以"新浪博客"作为统一的平台。以"注册邮箱—开通博客—链接好友"的流程，引导每一个孩子建立博客，并形成以"吴勇童化作文工作室"为核心的博客群。在实践中主要强化这样几项技术：进入技术、登录技术、发表技术、编辑技术。

（3）自主装修。博客就是"个性舞台"——自己的想法，自己的创造，自己的审美，自己的哲学，自己的计划，都可以在博客的空间中得以完美呈现。我千方百计鼓励每个儿童根据自己的个性，在模板、版式、内容等方面对博客进行自主装修，总之不拘一格。与此同时，我还在班级举行"我的空间我做主"博客版面设计大赛。于是一批充满童真童趣的个性博客应运而生。

充满童年个性的博客的诞生，标志着一个孩子童年言语世界的正式确定，也呈现出一个儿童对世界、对生活的开阔梦想。

2. 博客写作阶段：原来写博很有趣

儿童博客写作不是一蹴而就的，在起步阶段，需要一个漫长的引领过程。一方面教师要发展儿童丰富的生活敏觉，帮助儿童获取丰富的写作素材；另一方面，注重写作的情趣，培养儿童的写作习惯，从而生成恒久的写作意识。

在写作频次上做到"不增加"。不能将博客当成"电子日记"，要求儿童天天去写，这样"博客"就会成为繁重的课业负担。在教的层面，我不增加额外的课时，利用每周习作课指导博客，讲评博客；在学的层面，我不增加儿童课业负担，每周两篇，一篇在习作课上完成，一篇作为"周日练笔"。

这样一来，儿童写得轻轻松松，评得快快乐乐。

在写作指导上确保"不随意"。博客写作，是习作教学的重要组成部分，作为一种教学方式，便要体现它的引导性。

（1）融合教材，让儿童生活与教材"有机对接"。习作教材只是对写作内容圈定一个大概的范围，对写作要求提出一个明确的指向，与儿童当下的即时性生活关联不大。要让每个儿童都能有话可写，都愿意写，需要"用教材教"，对教材进行适当"变形"，让每个孩子都能从中搜索到适合自己的言语频道。

（2）融入童性，让博客写作成为"快乐之旅"。身处童年的孩子，寻求新鲜快乐的生活是他们的本性。我特别开发了"趣事"博客写作系列：教室趣事、餐厅趣事、校车趣事、家庭趣事、宿舍趣事等。每个儿童都是一个快乐的精神世界，都拥有一个丰盈的生活世界。我们的博客写作就是让儿童觉得：原来写作就是寻找快乐，发现快乐，分享快乐。

（3）融入自我，让儿童博客成为"童年历史"。在儿童习作中，我更希望看到的是"小"——小秘密、小活动、小把戏，小到只有孩子才会喜欢，小到只有孩子之间才会发生；而不是"大"——大场面、大主题、大范围，大到无所不有，大到包容一切。因为，让一个天真的儿童，用言语去表现一个世界、一个国家、一个社会的热点、焦点，这该是多么枯燥、多么困难、多么累人的事情呀。因此，我竭力倡导儿童博客写作"往下看"——做儿童世界的全心体察者、细腻观察者、耐心发现者，及时为儿童开掘适时的言语通道。与此同时，我们用自己的细腻去影响儿童的细腻，用自己的敏感去激活儿童的敏感，引导儿童"向己看"——写作就是写自己，写自己的故事、自己的精彩、自己的话语、自己的情感。

3.博客互动阶段：原来博客需要读者

博客与文本习作最大的区别在于它的互动性。接受美学理论告诉我们：儿童的习作只有在交往的过程中才能成为真正的作品。博客就是一个巨大而开放的交往平台，通过教师、家长、伙伴等以具体的博文为载体，进行阅读与点评，儿童的"习作"不断丰富，不断完善，渐渐成长为"作品"。

（1）倡导"发表说"。写作的目的就是为了和他人进行言语交往。可是平常的习作教学,却是一个半程的训练,即只有写作,没有交往。写作的意义在儿童刚刚踏上写作历程的时候就此沦丧了。而儿童博客写作则水到渠成地弥补了这一个缺失。我不断地向孩子们渗透这样的理念:写博客的目的就是为了与他人来分享自己的情感、思想,将文字发在博客上,与将文字发表在报刊上具有同等的意义,都是为了交流和分享。在我的"发表说"影响下,班级孩子的写作有了明确的指向,写博客的热情也得以高涨。

(2)吸引"读者群"。在每一次写博客前,我都给孩子这样的心理暗示:"这篇习作我拿什么来吸引读者?"有了这样的暗示,每个孩子在写作过程中便多了一份责任,在言语表达上便有了一些亮点。在培养"作者"的同时,我还大力发展"读者":对于家长,我千方百计鼓动他们做孩子博文的第一读者,给予孩子的文字以真诚的鼓励和赞赏,同时还要读读班上其他孩子的博客,从而体认自己孩子言语发展的真实状态;对于学生,我要求他们从他人的文字中发现惊喜,感受快乐,从他人的文字中获得启发,发表感受;对于自己,我总是尽可能地争取在第一时间阅读班上每一个孩子的新作,及时予以评点。有了"读者"的参与,孩子的言语中有了真诚,有了自信,更有了写作后的成就感。

(3)进行"二度写作"。对于博客中的评论,特别是一些建议,我总是要求孩子认真对待。对于语意含糊的地方,要改得言简意赅;对于阅读"不过瘾"的地方,要增加细节描写;对于有典型问题的博文,我常常隐去姓名,进行重点评讲,让每一个孩子都能从中受到教益,之后,再和作者一道商量修改计划。"要对自己的文字负责",我经常用这句话来告诫每一个孩子;"好博文是改出来的",我经常用这句话来提醒每一个孩子。

每一次博文写作,都是一次个性化的展示;每一次博文交流,都是一次意外的收获;每一次博文修改,都是一次实质性的提升。

4.博客维持阶段:原来写博可以生长

开博写博初期,儿童兴味盎然,从心理学的角度看,那只是一种情绪化的冲动。要让儿童的即时性"冲动"转化成一种理智而稳定的心理倾向,这就需要构建一个长线而完善的动力机制,来不断强化,不断支撑。在儿童博客写作的实践中,我探索了一套行之有效的"阶梯型"动力体系。

"开博证书"——每一个孩子开博,我都要颁发一张精美的证书,一方面作为纪念,另一方面可以成为师生的共同约定。

"博客之星"——每周评选一次,根据儿童的博文质量、博客访问量、博文评点量等指标综合评定。

"班级名博客"——每月评选一次,根据博文点击量、博客访问量、博文评点量、以博客为基础的征文获奖次数等指标来评定。

"班级小作家"——一学期评选一次,根据所发博文的数量和质量、博客访问量、博客互动率,以及博文在报刊上的发表篇数等指标来评定。

"校园小作家"——一学年评选一次。评选标准为:乐于写作博客,已经养成写博的习惯,博客在校园内形成较大的反响,并且有相当数量的博文在报刊上发表。

"阶梯型"动力机制,不断给儿童确定新的目标,让每个儿童拾级而上,最终的目标就是让写作博客成为习惯,成为最强烈的内在需要,不再需要任何动力支撑。当然,这并不是终极目标,我期望我的班级也可以培养出未来的作家,于是还谋划了一个"少年创作计划":

- 从班级中确定进入创作计划的人选:第一梯队5人,预备梯队10人。
- 为他们制订专门的阅读计划,并确定具体的阅读篇目,确保每一个孩子每学期阅读文学著作(以国际大奖小说为起点)不少于10本。
- 协助和支持整本书写作纲目的规划。
- 在写作过程中,不断给予支持和帮助:从博客上每周了解进程;每周进行一次沟通交流甚至是讨论;每月邀请作者家长参加班级举行的创作研讨会;作品初成,引导作者进行修改。
- 在班级举行新书发布会,对于比较成功的作品,联系出版社,帮助正式出版。

"少年创作计划"的实施,一方面给儿童博客写作提供了源源不断的后续动力,另一方面,激发了儿童的言语创造的潜力,给每一个儿童架起了一个文学的梦想!

"儿童博客写作"项目的运行，其实就是一个班级的习作教学方式的突破与创新。它拓展了教学的空间，让习作教学变得更动感，更适合儿童的文化需求；它改变了儿童的写作姿态，让"言语制造"走向"言语交往"；它颠覆了传统习作讲评的方式，让习作讲评更迅捷、更直观、更互动，让家长、同伴、教师同心协力，一起融入儿童个体的言语成长中。

四、儿童博客写作的反思

我班实施儿童博客写作以来，固有的习作教学模式得以突破，传统的教学机制发生了结构性优化，习作教学的效能得到了较大的提升，一套彰显"儿童写作"理念的童化作文操作模式正在逐步形成。但是无可争议的是，一些负面的因素依然存在，而且不可小觑。

1. 网络语言对儿童言语生长的干扰

现在已经进入一个网络化的时代，一些网络语言（符号）已经深入人心，成为一种"后网络时代"的文化现象，长驱直入大众的言语交往生活。可是作为儿童，刚刚学习用母语写作，在这个阶段，如果不用规范雅致的母语来占领儿童的精神高地，从此便丧失机会。因为网络语言已经无处不在，无时不有，渗透到儿童生活的每一个角落。正如作家徐坤所言："一段时间网上聊天游玩之后，我发现自己忽然间对传统写作产生了憎恨，恨那些约定俗成的、僵死呆板的语法，恨那苦心经营出来的词和句子，恨它们的冗长、无趣、中规中矩。"对于一个思想和言语图式已经定型的成人来说，这样的说法可以接受，因为这是继承基础上的颠覆，可是一个孩子在言语上还缺乏必要的根基，就跌入到荒诞、黑色、无序的网络语言中，并用这些语言来写作，来交往，那么儿童纯洁、天真的精神世界何以支撑？他们的童年历程必定缩短，必定加速消亡。如何让规范优美的母语在儿童心田扎下根来，是当前儿童博客写作中不可回避的问题。

2. 网络娱乐对儿童写作活动的侵蚀

网络对儿童最大的吸引力来自它的娱乐功能，网络游戏以超强的互动性和对感官的刺激性，让不少孩子欲罢不能。而博客写作与此相比，教学性特征占着主导地位，它的娱乐功能遭到一定的遮蔽，因此，在博客写作和网络娱乐之间不可避免地存在着一场博弈。教学实践中，我经常接到一些家长的电话，在肯定博客写作的同时表达了自己的担忧：因为孩子在写博、读博、评博的过程中，经常会情不自禁地在一些自动弹出的界面的引导下进入到网游和网聊中，即使家长也难以控制。这给儿童博客写作的顺利推进带来现实性的障碍，如何控制网络娱乐对博客写作的袭扰，是我们当下面临的课题。

　　如何让儿童博客写作走得更远，对儿童的言语发展和精神成长发挥更加积极的意义？这就需要我们有足够的应对智慧。我以为，在儿童与博客写作之间存在的不仅仅是教学意义上的关联，还有生命意义上的圆融。当儿童、生活、写作在共同的言语频道上相遇时，当教师、儿童、家长在共同的言语频道上相遇时，博客写作就会沿着儿童生命的轨道延展开去，呈现出广阔而丰富的童年精神面貌。

"我"的优秀有标准

一篇儿童习作,写到什么程度才能达到要求,写成什么样式才能算是优秀之作?当下的习作教学对此莫衷一是,可见在一线教学实践中,对同一篇习作的优劣评判,在不同的教师眼里落差鲜明。而作为课程的习作教学,应当超越于个体经验、习惯,去构建一套符合自身学科特点、适合儿童言语文化体征的习作评判"标准",以"标准"指导习作教学变革,以"标准"引领儿童写作素养的提升。笔者在童化作文教学中,一直尝试着从"常识"的角度,着力进行"共识"性习作评价标准构建,希冀让每个儿童能达成语文课程标准所提出的言语表达"底线",让更多的儿童能够在小学阶段成为热爱写作并拥有良好表达素养的"文学少年"。

一、文从字顺

1. 具体指标
(1)没有错别字。
(2)语句完整、通顺。
(3)标点符号运用正确。

2. 教学解读
把每一句写通写顺,没有病句,少写错别字,是一篇习作的基本标准。"万丈高楼平地起",语句通顺是基础。小学阶段是儿童学习写作的起点,语句是构成整段、整篇的基本单元,因此将每一句话写准确、写通顺是一项基本功,更是一种"童子功"。写得"文从字顺"并不是那么简单,需要构句的知识——语素充分、标点正确，需要语感能力——词语搭配、用词恰当。前者需要从低年级写话开始，反复训练，不断丰富语素；后者需要阅读累积，持久辨析，渐进提升。

二、意思清楚

1. **具体指标**

（1）句子之间意思连贯。
（2）段落中前言和后语之间能互相照应。
（3）用句子或段落表达意思符合本民族语言的表达习惯。
（4）在叙述过程中出现的人、物、事、景，在前面段落中要留有空间，做好铺垫。

2. **教学解读**

习作是儿童将自己的所见所闻、所作所为、所思所感用书面文字的方式向伙伴、师长进行清晰明白的讲述。写人叙事的习作比较容易做到，怎么做就怎么说，怎么说就怎么写。但遇到一些写景状物、议论抒情的习作，不少儿童眼里繁杂，笔下含糊，常常前言不搭后语，逻辑混乱。譬如一个学生在《乐游白马涧》中这样写道："接近公园门口，两排直直的车队就占了一道马路。我们还是幸运的，在靠近大门的地方，找到了位置。接着又跟着15米长的大队后面拿票。"这小段话中，每一句话都文从字顺，可是连贯起来，小作者就不能将意思说清楚："两排"直直的车队怎么就占了"一道"马路，不符事实；既然马路都"占"了，小作者的车子怎么会"靠近"大门，前后矛盾了。这个学生说的可能都是事实，但他的言语却不能将事实描述得清楚明白，让读者心知肚明，心领神会。这个片段，是儿童日常言语表达的"冰山一角"，如果读者不够细心，这些"无关大局"的小语病就会被轻易滑过。

因此，教师在阅读儿童的习作时，在引导儿童修改自己的习作时，一定要放慢速度，做到"一字未宜忽，语语悟其神"（叶圣陶语）。这样字斟句酌绝不是吹毛求疵，而是可以帮助儿童学会"推敲"，养成不断"打磨"自己文字的习惯。著名特级教师贾志敏就是这一方面的教学典范。

写作是将自己的内在思想借助言语外显化，这是一个精准细致的过程，需要借助一系列复杂的言语机制，需要通过丰富的阅读不断搭建言语图式，需要借助生动的语境有意历练自身的语感，而这些却是当下习作教学一直忽视和严重缺乏的。

三、条理清晰

1. 具体指标

（1）写人、叙事、写景、状物类写作要符合相关文体的基本表达习惯（或逻辑）。

（2）在写作前会列出初步的习作提纲。

（3）在行文过程中会用表达顺序的连接词、过渡句和过渡段。

2. 教学解读

马正平先生认为"写作是人言语和精神秩序的建构"，无论是"言语"还是"精神"，一旦诉诸文字必须"言之有序"。一篇习作有了"秩序"就会有了"有条不紊"。

不同习作"文体"铺展"秩序"不同：叙事类习作，一般按照事情的发生、发展、高潮、结局写下去。写人类习作先得从外貌写起，慢慢延伸到兴趣、爱好、个性品质。状物类习作，如果是动物，从外形写到生活习性；如果是植物则要写出它发芽、抽叶、开花、结果的生长过程；如果是事物，一般从它的外形说起，再到它与人的关系。写景类习作，则要按照方位顺序，步移景异，将景物的局部逐一呈现。即便是实用文写作，也得先凸显问题，再讲解决问题的具体策略。有什么样的"文体"就对应着怎样的言语"条理"，这是一篇习作最基本的格局。

仅止于此尚且不够，在每一种文体的习作中，各部分内容不是直接罗列在一起，而是需要借助一定的"衔接"技术才能做到。譬如顺序词"过了一会儿""早晨""中午""傍晚""深夜"等，譬如方位词"前后左右""上下里外""东西南北"等，譬如连接词"先""接着""然后"等，譬如过渡句"不但……而且……""虽然……但是……"等。有了这些基本的连接策略，

"有条理"才会变得自然妥帖。

当然，习作的"条理"也不是一成不变的。为了表达需要，有些习作为了吸引读者，可以用"倒叙"；有些习作为了做铺垫，可以进行"插叙"。可见，只要读者读得顺畅，理解没有障碍，这就是"有条理"；只要读者在习作中乐此不疲地分享了作者的故事、津津有味地结识了作者的亲朋好友、兴味盎然地与作者一起欣赏了美景和创造了独特，这就是"条理清楚"。

四、重点具体

1. 具体指标

（1）在习作中有体现习作主旨的关键段落。
（2）在关键段落中，有充分而扎实的细节描写。
（3）对于与习作主旨有关但不紧密的内容能作简略的交代。

2. 教学解读

每一篇习作都应该有重点。所谓"重点"，对于作者来说，是印象最为深刻、感受最为独特的地方；对读者而言，是最有吸引力的、最想知道的情节。一篇习作的重点是由"主旨"决定的。"主旨"是写作者写这篇习作的目的，在习作过程中，主要体现在文题的核心字眼上，俗称"题眼"，写作过程就是用文字详尽地铺陈"题眼"。"拔河比赛"的题眼是一个"赛"——比赛双方是如何"赛"的；"学游泳"的题眼是"学"字——在学习游泳的过程中经历了哪些挫折，是怎么克服的；"忙碌的早晨"题眼在"忙碌"上——这个早晨主要做了什么事情，每件事情是怎样赶时间的。当"题眼"锁定了，习作"重点"也就孕生了。

在《捞鱼》这篇习作中，小作者将重点锁定在一个"捞"字上，用什么"捞"，怎样"捞"写得很具体："半蹲下身子，往渔网里撒了点秘密武器——路上吃剩下的饼干屑，渔网半浮在水面上，我静观其变。先是有几条小白鱼发现了网里的饼干，便愉快地摇着尾巴游过来了，并调皮地吐了几个小水泡，紧接着，更多的鱼来了，我忍不住暗暗惊呼。饼干屑快没有了，经过一番抢夺，水面上漂浮的饼干屑荡然无存，鱼儿也要离去，我以闪电般的速度将网提出水面,大大小小好多条亮晶晶的鱼在网里上下蹦跳!没有捞到的鱼听到巨大的响动,'哗'的一下散开了,四处逃窜,惊恐万状,很快消失在水面上。"小作者汤陈蕾突出"重点"的办法就是将与"题眼"紧密相关的场景中的"人"写具体——紧扣"蹲""撒""观""提"等动作细节写;将场景中的"物"写具体——捕捉"抢食"和"逃散"两个场面细细写。重点具体了,习作也就基本大功告成了。

将"重点"写具体的策略很多,不同文体的习作方式不同:叙事类习作,往往运用"障碍—克服—障碍—克服"的一波三折法来写具体;写人类习作往往抓住人物的"动作、语言、神情、心理"的细节描摹法来写具体;状物写景类则借助"实在事物—联想"的感受比拟法来写具体。

五、首尾简明

1. 具体指标

(1)习作要有开头和结尾的独立段落。
(2)开头直切表达话题,结尾尽量做到呼应开头。
(3)要掌握基本的习作开头方式,能对读者充满召唤力。
(4)能熟练运用常见的结尾方式,达到画龙点睛的表达效果。

2. 教学解读

为了打消孩子畏惧习作的心理,教师经常这样说:写作很简单,你平时话怎么说,习作就怎么写。可是当学生真正面临习作,一种"教学体"习作语式便应运而生,这在习作的开头和结尾尤为明显。譬如一篇题为《我最喜欢的电视节目》的习作是这样开头的:"电视是人们了解世界的一个窗口,也是人们休闲娱乐的媒介。当我们每天打开电视机时,总会被缤纷的栏目和多彩的内容所吸引。如果有人问最喜欢的电视节目是什么?或许有人会说:'我最喜欢看《综艺大观》';可能有人会说:'我最喜欢看《动物世界》'。可是我最喜欢的电视节目是湖南电视台每周六晚八点准时播出的《快乐大本营》。"明明可以开门见山,一语中的,可是小作者却拿腔拿调,故意兜圈子。学生这样做不是天性使然,而是被当下中小学写作教学中所推崇的"文艺腔"所害，这样的"文风"会使刚刚步入写作的儿童产生误解：写作就是不让人好好说话，书面表达和口头说话大不一样。因此，当下的习作教学，要打消儿童对写作的畏惧感，首先就得摒弃"文艺腔"，在习作的开头和结尾让学生有话直说，减少无谓而矫情的铺垫，减少老套而苍白的抒情，用"人话"替代"神话"，用"真话"取代"套话"。

在阅读教学中，语文教师要充分运用教材，引导儿童掌握基本的开头和结尾写作技能。譬如写人类习作的"开头"：

叙事式开头：1970年3月17日夜晚，哈尔威船长像平常一样，把"诺曼底"号轮船从南安普敦开往格恩西岛。（苏教版六上第7课《船长》）

反差式开头：他在轮椅上坐了40年，全身只有三根手指会动，演讲和问答只能通过语言合成器来实现。然而，他撰写的科学著作《时间简史》在全世界拥有无数读者。他就是人称"宇宙之王"的史蒂芬·霍金。（苏教版六上第10课《轮椅上的霍金》）

背景式开头：在林肯当选美国总统的这一刻，整个参议院都感到尴尬，因为林肯的父亲是个鞋匠。当时美国的参议员大部分出生名门望族……（苏教版六上第21课《鞋匠的儿子》）

插叙式开头：1955年10月1日清晨，广阔无垠的太平洋上，一艘巨轮正劈波斩浪驶往香港。一位四十来岁的中年人，迈着稳健的步伐踏上甲板……他，就是世界著名的科学家钱学森。（苏教版六上第19课《钱学森》）

在一套教材的一册中写人文体就有四种以上开头语体，小学阶段的两百多篇课文中，写人的文章至少包含十种以上的开头方式。因此，在阅读教学中，只要教师做个有心人，引导学生不断感触，不断比较，不断积累，在以后的习作中，绝对不会一动笔就是千篇一律的"文艺腔"，一收尾就是让人厌的空话套话。

六、题材新实

1. 具体指标

（1）选材新鲜而细小。

（2）熟悉的材料能有崭新的表达视角。

（3）材料真实，是亲身经历，并且印象深刻。

2. 教学解读

题材老套，已经成为当下习作教学的一个"顽症"，由于受"内容积极，思想健康"的传统习作评价标准的影响，一些小学生在选材上追求所谓"有意义"的"高大上"内容，导致一些真实的、源自儿童自身生活的"微观故事"常常遭到遮蔽。好的选材其实就是好的写作视角，能让习作产生耳目一新的感觉。习作选材贵在一个"新"字，体现在两个层面：一是"人无我有"——别人从来没有写过的，而这个素材源自小作者自身独特的经历和生活。譬如一篇题为《做腐竹》的习作中的情节："奶奶将豆浆倒在白布里，在下面放上托盘。那白白的豆浆从布袋里流出来，没有一点杂质。过滤好了，外婆便把那又深又沉的托盘端到已经烧开的锅旁，将豆浆倒入热水，再用木勺搅拌均匀。不一会儿，豆浆在锅里结了一层薄薄的浆皮，颜色黄黄的，看起来滑滑的，外婆接二连三地用手轻轻地将它们'揭'起来，'拉'出热锅，晾在竹竿上，那浆皮不一会儿就更黄了，看起来有些粗糙。"这样的经历，不是每个儿童都有机会去体验的，能把自己第一次经历的独特生活事情写下来，这就是"新"。二是"人有我特"——这样的素材在同龄人生活中都有，但是每个孩子在故事中经历不同，感受不同，将这"不同"写下来，便是别样的"新颖"。譬如有一个学生去"无锡灵山大佛"游玩，她没有将视角放在雄伟壮观的"大佛"上，也没有放在金碧辉煌的"梵宫"里，而是写了焦急难耐的"排队"："我们站在人群里，以每分钟 0.1 毫米的速度挪动着，头上还顶着一个毒辣辣的太阳，不一会儿，汗就把衣服弄湿了一大片。好不容易轮到我们刷身份证了，却发现奶奶和妈妈不见了。打电话一问啊，原来爷爷一直跟着我，而我又一直跟着爸爸，我俩在前面走得快，把奶奶和妈妈给甩了。又站在那等了 5 分钟，才看见两位小短腿出现在人群里。看完佛手，我们准备去抱一抱佛脚。可要抱佛脚，还得排队。虽说只有 3 米长、2 米宽的队，我们却已经排了 15 分钟，只听爷爷用标准的宜兴话说：'这种地方，玩都要排队，还不如让我回家种田呢！'我们都一下子笑开了。又排了 10 分钟，终于进去了，可在电梯口，又排起了长队。好不容易到了佛足前，我却早已没了抱佛足的兴趣。"（顾明月，《出行排队记》）同样是"游记"，别人都在写"积极一面"，譬如看到的景色是如何美丽，游览的心境是怎样的愉悦，而小作者写的却是"消极一面"，人多出行难，拥堵心中急。这样的表达别具一格，同样值得珍视。

当然在追求选材"新"的过程中，我们不能忘记另一个字——"实"。这里的"实"有两层意思：一是"真实"，不能为了独树一帜，而胡编乱造，这种现象在应考的习作中屡见不鲜，为了博得阅卷教师的同情，不惜编造"父母双亡"的悲情故事，稍微有一点生活常识的读者，就能在这貌似"情真意切"的文字中看出"千疮百孔"的逻辑漏洞。二是"实在"，只有亲身经历的事件，只有亲眼所见的事物，才会在写作过程中存在"细节表达"，才能做到"内容具体"。譬如一篇题为《买"三白"》的习作就写得很实在："我们想要的那条白鱼十分机灵，看到人手上来了，就四处逃窜，边逃还边扇尾巴，搞得水花四溅，好像是为了把自己和同伴们混在一起。好不容易抓住了它时，它又用尾巴狠狠地扇了一下那人的手，身子一扭，就从手里滑了出来，又落回了水里。"如果小作者没有亲身遭遇，只是作壁上观，那么笔下的文字一定是轻描淡写，哪会有如此的栩栩如生？

七、感官丰富

1. 具体指标
（1）写作过程中，能让自己的感官参与表达。
（2）能做到实在事物与自身的联想相结合。
（3）能将多种感官的体验融会贯通在叙述中。

2. 教学解读
一篇内容具体、描写生动的习作应当让读者产生"身临其境"之感，即如见其人（物）、如闻其声、如嗅其味。要做到这样的"原型还原"，习作者就得将自己的多种感官所获取的信息用文字进行纤悉无遗、淋漓尽致的表达。因此，在习作教学的过程中，教师应当积极训练学生将多种感官参与到观察、经历、表达的活动中，以丰富儿童的情感和生活体验。

譬如味觉体验："最后一道菜是人人必点的压轴菜——西多司，这是一道西式菜，是在香酥的烤面包里塞上牛肉和生菜，一口咬下去，一种快乐的味道便在口中荡漾，香酥的面包仿佛在舌尖上跳华尔兹，而牛肉和生菜，就好似两个小天使，在口中飞来飞去，回味无穷。"（薛天棋，《美食之旅》）

譬如听觉体验："肚皮里的'狂欢者'——蛔虫好像在两军交战，在抢肚子里仅存的一点点食物，好激烈；又好像在开演唱会，迪斯科跳跳，卡拉OK唱唱，声音越来越大，弄得我肚子咕咕叫！"（王颖，《美味早餐》）

譬如视觉体验："虫虫是个六个月大的男宝宝。他的手臂一节一节的，就像两条肥肥的毛毛虫；他的腿也是一节节的，肥得有些离谱，真像两串大大的火腿肠，忍不住想咬一口。这么肥的身材，叫'虫虫'这个名字再合适不过了！"（季谢其乐，《可爱的虫虫》）

当然这些体验还可以混杂在一起："随着'嗞——'的一声响，牛肉开始了'大变身'。锅中的油欢快地跳跃着，并伴着'嗞嗞'的欢呼声，积极地为牛肉换上金黄的新装。我用锅铲，积极翻动着逐渐金黄的牛肉，一股浓香飘来，令人垂涎欲滴。终于牛肉完成了'变身'，现在光荣地成为了'黄金牛排'。关掉火，牛排仍还发出'嗞嗞'声，好像在召唤我：'吃我吧！趁热好吃！'"（朱子奕，《煎牛排》）

当儿童的感官都被调动起来，各种丰富的联想也紧随而至，他们自身的体验就会饱满涨溢，自然笔下的文字也会具体丰盈、生动鲜活。当下的习作教学经常向学生提出"具体生动"的要求，可是如何做到"具体生动"，教学指导却语焉不详。其实，调动学生的感官，丰富学生视觉、听觉、味觉等方面的体验，就是通往"具体生动"这个表达目标的可行之路。

八、感受独特

1. 具体指标

（1）经历能产生与众不同的感受。

（2）在感受表达中做到细微而富有联想。

（3）主观感受要与客观描述紧密结合。

（4）感受贵在真实，富有真情。

2. 教学解读

同样的事情，同样的景物，在不同人眼里关注的视角不一样，所产生的感受也不一样。有一句经典名言说得好："一百个读者眼里就有一百个哈姆莱特"，有的高大，有的矮小；有的英俊，有的丑陋。每个儿童的兴趣、爱好不一样，每个儿童的生活、学习环境不一样，因此，审美取向也千差万别。当下的习作指导最大的问题在于，教师喜欢用自己的视角"绑架"和"控制"儿童的视角，将五彩斑斓的儿童世界聚集在一个"点"上：一起"走"，一起"看"，一起"听"，最终一致"写"，儿童原初所有的观察兴趣和表达欲望在此过程中丧失殆尽。因此，指导儿童写作，其实就是捕捉各自眼中、耳中、心中那个"不一样"，做到"人尽其美，各美其美"。

小作者周佳艳的《清炖的花鲢鱼》中"鱼头爆锅"的火热场面是通过她细腻而生动的感受表达出来的："锅烧开了，鱼头一放进去，油锅便沸腾了起来，那场面，像一万多人的掌声，震撼人心，又像瀑布一泻千里，令人惊叹……等爆得差不多了，爸爸便在锅中倒入三大杯自来水，那震撼人心的声音便慢慢消失了，就好像观众们在静静等待下一个精彩节目的到来。"将锅中的热闹比作"掌声""瀑布倾泻"，小作者的"通感"无与伦比，让成人望尘莫及。

小作者夏静薇的《起晚之后》中与时间赛跑的激烈场面，通过独特的感受描写，让读者感同身受："一路狂奔，心中的烈火也渐渐燃烧了起来，心里就像有无数的蚂蚁，在热锅上乱转。妈妈呀，你的手机破手机怎么这么不争气，在关键时刻死机；老师呀，为什么要规定7:30到校，上课明明要8:10！我恨不得长出一对翅膀，飞到学校去。此时，耳边呼呼生风，路边高楼、店铺纷纷向后倒下，每一秒都是金，在它们流逝的瞬间，留下的是我飞奔的身影。偏偏在我到达路口的一瞬间，红灯无情地亮了。一边是文明公德，一边是早点到校。终于，因为个人私心，我选择了后者。我在心中默念了无数遍'对不起'，然后飞奔过去。那一刻，我感觉脸上有点烫手；那一刻，我的心里仿佛有一个醋瓶打翻了，满是酸楚；那一刻，我感到无数指责的目光汇聚在我身上，仿佛要把我烤焦！"一路奔跑，一路感触至深：先是内心焦灼——烈火燃烧、蚂蚁乱转；然后转向莫名责怪——妈妈手机死机、老师规定早到；紧接着就是环境映射——耳边生风、高楼店铺倒下；最后是选择后的自责——脸上发烫、心里酸楚、目光汇聚。这一切并不是真实客观的描述，而是内在的主观感受。作者在一路狂奔，读者的心也跟着惴惴不安、气喘吁吁。

九、言语鲜活

1. 具体指标

（1）习作中有比喻、拟人等常见的修辞方法。

（2）能恰当引用一些谚语、歇后语、古诗句以及网络用语等。

（3）能活用"词性"，让语句幽默风趣。

2. 教学解读

身处童年的儿童，他们的言语表达从来就不会中规中矩，他们之间的言语交往有着特殊而独特的"密码"——俏皮、鲜活、灵动，这成为儿童言语的品质特性。透过儿童鲜活的言语，就会发现在其背后隐藏着"技术妙招"。

一是"比拟法"："我将鸡蛋平平摊在热油锅里，不一会儿蛋宝宝便换上了一身柠檬黄的笔挺'西装'，正等待着我的'垂爱'。接着，我把一碗大米淘洗干净，放在砂锅里熬，利用熬粥之余把炒鸡蛋、火腿肠、皮蛋、青菜切成丁儿'群英荟萃'在一个盘子里，等锅爷爷'吞云吐雾'之时再来个'天女散花'，满锅生香的'大补粥'就此画上圆满的句号。"（王颖，《美味早餐》）片段中的"西装""垂爱""群英荟萃""吞云吐雾"，使原本枯燥而平展的"煮粥"过程富有画面感，变得妙趣横生、情趣盎然。

二是"仿写法"："面糊里出现了几个小泡泡，直径大约只有半毫米左右，但不出一会儿就越来越大，越来越大，像个小孩子在吹泡泡糖一样，当吹到像个大弹珠时，就'啪'一下破了。与此同时，许多小泡泡'出动'

了，不一会儿，这里动一下，又一会儿，那里也动一下，就像一条条鱼儿在与你捉迷藏，一会儿在这里吹个泡泡，一会儿在那里吹个泡泡，看你怎么捉住它。这让我想起了一首小诗'鱼戏泡泡东，鱼戏泡泡西，鱼戏泡泡南，鱼戏泡泡北'。"（陈译天，《发面》）在这个片段中，小作者巧妙仿写古诗《江南》中的句式，将发面过程中出现的小气泡活灵活现地展现在读者面前，也将小作者心灵深处"顽皮"的童性外化得一览无余。

三是"故事法"："天空很高，很远，白云像轻纱一般，飘落天上。月亮像一个蒙着白纱的阿拉伯姑娘，津津有味地欣赏着大地美景。这时有一片云彩过来了，一下子遮住了月亮的视线，月亮很不甘心，在云朵里不停地穿梭，拼命想把皎洁的脸庞露出来。可白云好像故意跟她作对似的，始终挡在面前。也许月亮认输了，也许月亮已经累了，它一动不动，直到被云完全遮住，再没有出来过。"（张羽璇，《月色》）明明是写景状物的习作，但是小作者却展开丰富的联想，将景物有机串联起来，生成了一个有血有肉、有情有趣的故事场景。这样的表达方法，符合儿童的主客一体化的认知特征，也是儿童游戏天性的一种言语化呈现。

当然，让习作变得言语鲜活，还有很多种表达方式，但是，对于一个写作中的儿童来说，鲜活的言语从来就不是有意借助具体的方法来实现的，而是一种自然、本真、率性的流淌。因此，在习作教学中，我们不能用所谓"规范正确""健康向上"的言语写作标准来束缚儿童的表达，应当鼓励儿童"我手写我口"——怎么想就怎么写，让鲜活动感的"原生态"儿童言语自然舒畅地表达出来。

十、读者明确

1. 具体指标

（1）小作者在写作中能意识到习作写给谁读。

（2）在写作中能主动面向读者进行表达。

（3）借助本次习作可以达成一定的语用目标。

（4）能借用一些基本的表达知识技能来增强"语力"。

2. 教学解读

小学阶段是儿童刚刚步入写作的关键时期，作为教师，一定要言之凿凿地告诉每个儿童，习作是写给他人读的，习作是有作用的。为了体现习作的作用，应当围绕着一个清晰的主旨来写；为了让读者读得懂，应当文从字顺、条理清楚；为了吸引读者关注，必须使自己笔下的人物鲜活、有趣，笔下的故事曲折、精彩。这种为读者写作，为读者服务的意识，应当在一个儿童学习写作的初期就逐渐形成，并且在写作过程中时时刻刻处于一种与读者潜在对话的状态。读者意识对一个学习写作的儿童真是不可或缺，这是一个人形成正确、积极写作观的重要途径。基于这样的认知，在考量小学生习作的质量和言语表达素养时，应该将每一篇习作的"功能性"（有何作为）作为一个基本的因素。

一是导游。对于游览类的习作，写作者应当面对的读者是"游客"，而自身的角色是"导游"。作者在描述景物时，要不断关注到"游客"的存在。譬如在《畅游巧克力乐园》一文的开头："伙伴们，我知道你们都是巧克力的忠实'粉丝'，在巧克力面前都是十足的'吃货'。这样吧，我带你们去上海世博园的巧克力乐园吧，一定让你大饱眼福，大饱口福！"

二是推广。在写作状物类习作时，写作者的角色应当转化为"推销员"，面对的读者是"消费者"，应当极力将事物最有特点、最富特色的一面向对方进行推荐，以引起对方的关注。譬如在习作《拼盘展示会》中，小作者是这样向伙伴推荐自己的"创意拼盘"的："你知道什么是'红遍天下'吗？告诉你吧，就是我们小组精心设计的水果大拼盘。看，天边夕阳慢慢地下沉，好不悠闲。它映红了山下的一条清澈的草莓汁小河，红得像鲜血。岸上是形状各异的红苹果'鹅卵石'，沿路向前走着就会看到一个小而圆的'小番茄喷泉'，飞溅的水花被夕阳染红了。置于这样的美景中，你是否陶醉了，你是否产生了品尝'红遍天下'的欲望？"

三是解释。当描述一件稀奇、特别的事件时，小作者以"解释者"的角色进入到习作中，而读者则是"疑惑者"或者不知情的"打听者"，"解释者"竭力让自己的讲述充满"悬疑"，以满足"疑惑者""打听者"的好奇心。在习作《震惊三秒钟》中就有类似的描述:"大街上,车辆川流不息,突然'嘎——吱——'一声刺耳延长的刹车声响彻云霄,你再看看司机们,纷纷像鸭子一样将脖子伸到了车窗外,眼里充满了惊恐;再看看路人,他们的表情就像是从一个模子里刻出来的一样,嘴巴都呈'O'型,眉毛微微下压,有些不知所措。一秒钟、两秒钟,大家都在期待着真相的出现!就在这一瞬间,一只小狗从车底连滚带爬地跑了出来,先是像马戏团的小丑在表演翻筋斗,后来像是走散了的孩子哭喊着找妈妈,最后像是脚底抹了油似的消失在人行道上。原来,是这只横穿马路的小狗闯的祸呀!"

  四是说服。当说明一种事物的益处时,小作者可以一个"说服者"的角色进入到习作中,用文字向"劝服者"表达自己的意愿,希望得到对方的认可或帮助。譬如在《神奇的"跳舞毯"》一文中,小作者是这样"说服"妈妈的:"妈妈,买跳舞毯我可不是为了我自己,你不是一直为你的肥胖担心吗?有了跳舞毯,你就不用天天晚上出去跑步了,即使刮风下雨,也可以保证你的体重不会增加一丝一毫。特别是放长假的时候,你不用无聊地看电视剧了,不用劳累地逛街了,可以利用跳舞毯,跟着音乐载歌载舞,既丰富了生活,娱乐了精神,又锻炼了身体。你知道吗,何德荣家自从买了跳舞毯,全家一年都没有一个人生病,她的妈妈现在已经拥有了'小蛮腰'!这样的'减肥利器''娱乐法宝',赶紧买吧,还等什么?"

  五是分享。写作以作者为主角的故事时,不妨以"讲述者"的姿态出现在习作中,读者就是对这件事感兴趣的"分享者"。在分享故事的过程中,要尽量考虑将"听众"带进故事中,要不断激发"听众"倾听的欲望。在这种类型的习作中,在故事的开头,要设"疑点",让分享者情不自禁地卷入文字中;在故事的发展中,要遇"难点",以调动分享者的阅读期待;在故事的高潮,要有"笑点",以让分享者产生强烈的阅读体验;在故事的结尾,要存"拐点",以让分享者意想不到。

  面临"读者"进行写作,首先是习作教学要设置"功能语境",给习作者一个清晰的语用目标和对应的读者,长此以往,读者意识自然根深蒂固。

在这十大评价标准中，前五者是基础性达成标准，这是小学生习作教学应当坚守的"底线"，旨在让每个儿童热爱写作，在小学阶段获得常规的言语知识、养成基本的书面言语能力；后五者是发展性优化标准，引导每个儿童的写作兴趣向更深处漫溯，逐渐形成自觉的写作意识，拥有一定的言语素养和表达智慧。

第三辑
童化作文的课程效应

- 课程让"教"变得清晰具体
- 课程让"学"变得精准有效
- 课程让"童年"变得精彩丰富

课程让"教"变得清晰具体

语文课程标准将小学写作教学定位于"习作教学",其用意不言而喻:在小学阶段,写作教学核心任务之一就是"教"儿童学习写作。可是到底"教"哪些内容,通过什么途径来"教","教"到怎样的程度,这一系列基础性问题,从先前的教学大纲乃至现行的课程标准,表述得模糊而游离;长期以来,这些基本问题在小学写作教学实践领域也没有引起足够关注,获得真正解决。怎样让习作教学的"教"变得清晰起来,是当下小学语文课程改革的一个具体朝向,也是习作教学研究再出发的一个重要起点。

一、习作教学"教"的澄清

语文课程改革历时十余年,遗憾的是一线小学教师对习作教学的基本概念还缺乏常识性的认知:对一些耳熟能详的"术语",不能作出准确界定;对一堂堂身临其境的习作课,对其有效性不能作出准确诊断。可以说,"笼笼统统教写作,模模糊糊学写作",成为当下习作教学的常态,也是习作教学普遍效率低下的重要原因。因此,我们澄清习作教学中的一些基本理念,对落实语文课程标准的基本精神有着积极的意义。

1. 写作内容不等于教学内容

一直以来,小学语文教师存在着这样的误解:教材上编制的写作内容就是自己的教学内容。教学内容具有课程意义,也称之为"课程内容",与"写作内容"属于两个不同的教育学范畴。"写作课程内容主要包括以下三个方面:一是构成人文素养、符合学生认知特点并可供学生模仿的作品;二是包括事实、概念、原理、技能、策略、态度等方面的写作知识；三是具有课程意义的写作实践活动。"①可见，"教学内容"涉及的是教学资源、教学技术以及教学活动，而"写作内容"只是一个习作课的训练凭借，是一个儿童将经验、生活转化为具体言语的一个载体，尽管与"教学内容"有相交的部分，但是不能相互取代。当下的习作教学将教学内容矮化为写作内容，直接导致习作课堂的"空壳现象"——习作课基于"零起点"，缺乏基本的教学前提，师生就题论题，借题发挥，共同列出这篇习作的写作框架，教学就此告罄，儿童便进入写作状态，即便涉及一些知识技能，也属于鸡零狗碎的"教学打捞"。这样的习作教学只有内容指向，没有思维训练；只要写作结果，不提供过程支持。

2. 教师行为不等于教学作为

笔者曾参加了一个地区的想象类习作教学观摩活动，课堂上"教师行为"恣意盛行，导致"想得合理""想得充分""想得有趣"这类空洞的习作目标层出不穷，但是让儿童展开想象可资借鉴的"知识""技能""策略""环节"等"教学作为"却稀有呈现。"教师行为"反映的是教师在习作课堂上的活动状态，指"教师的呈示、对话和指导"。②但并不意味着所有的"教师行为"都能产生教学效益。习作课堂上，教师能触及儿童言语和精神的最近发展区，让儿童的表达诉求欲罢不能，将儿童匹配的生活喷薄而出，能提供具体的策略和手段支持儿童所见所闻、所思所想自然贴切、具体清楚地言之成文的行为，才能称为"教学作为"。

3. 习作状态不等于习作水平

成功的习作教学，最直观的评判表征是每个孩子都会写，并且都写得不错，这是站在"习作状态"角度来估量的。如果从"习作水平"的视角来审视，就会产生新的评判"原点"：一是这堂习作课的教学起点在哪里；二是本次教学需要达成的目标是什么；三是教学是通过怎样的途径来达成习作目

---

① 倪文锦.关于写作教学有效性的思考［J］.课程·教材·教法，2009（3）.
② 蔡宝来，车伟艳.国外教师课堂教学行为研究：热点问题及未来趋向［J］.课程·教材·教法，2008（12）.

标的；四是本次习作目标的达成度如何。事实上，为数众多的习作课上，外在的"习作状态"大张旗鼓，而内在的"习作水平"鲜有问津。不少教师以"放胆文"的名义让儿童"放手写"，儿童的写作素养由于缺乏正常的教学支持和干预，几乎成了一种"原始生长"，这与习作课程的存在本意是相悖的。

理念混淆，导致课程把握似是而非；目标模糊，致使习作指导力有不逮。因此，在深度推进课程改革的今天，要将习作教学放置在可"教"课程视野中，重新认识，清晰把握，拂去"犹抱琵琶半遮面"的含糊玄乎的面纱，走向"一切尽在掌握"的有效操作环节。

二、习作教学"教"的重建

"新课程的实施，并不意味着新理念就能自然形成和实行；新目标、新任务的确立，也并不意味着新内容就会自然地创造和生成；有了新内容，更不意味着它们必然指向目标和有效的达成。"[1] 基于课标修订稿的习作教学，只是有了宏观的课程实施框架，要面向鲜活生命的个体需求，面对不同文体的习作训练体征，就需要一线教师在课程框架内进行"教"的"机体建构"，甚至微化到"教"的"细胞重组"。这样一来，课程标准才得以具体透显在教学的微观环节，才得以充分落实在习作训练的细枝末节。

1. "教"的动力：设置习作教学的功能目标

写作是利用书面言语进行的一种社会交往，这是它最基本的功能。从功能意义上说，任何一次习作都应当赋予它"交往目标"——"为了控别人，为了做广告，为了引起注意，为了表达支持，为了幽默，为了道歉……"[2] 习作教学尽管处于起步阶段，但是"言语交往"的意识必须从"原点"渗透，和自身的言语技能一起生长。写作前，儿童有明确的指向，知道为何而

---

[1] 倪文锦. 关于写作教学有效性的思考[J]. 课程·教材·教法, 2009（3）.
[2] 安东尼·海恩斯. 作文教学的100个绝招[M]. 杨海洲, 杜铁青, 译. 北京：教育科学出版社, 2009.

"作",有鲜明的对象,清楚为谁而"作";写作时,有言语情境,儿童清楚该选择怎样的话语方式;写作后,有交流机制,儿童可以体验到作后的成就感。一篇习作教材的交往功能不会先天拥有,更不是教材的编写者潜在赋予的,而是要靠教师的"教"来创设和给予。因此,在每次习作教学中都应当蓄积起"教"的动力——引导儿童用言语达成怎样的现实主张或心理诉求。结合当下小学习作教材,从交往的角度来判别,笔者以为主要有以下功能(见列表)。

功能类别	内容举隅
推广介绍	写美丽风景、丰富物产、风味小吃等
解释说明	写小制作、小发明、小创意等
快乐分享	写活动、趣事、童话等
感恩缅怀	写长辈、老师、伙伴等
内在诉求	建议、告白、倾诉、悄悄话等

传统的习作教学起点都源自"学习任务",与自身生活无关,与内在需求无关,更有甚者利用儿童的游戏天性,将"玩"当作写作动力,这样建立在为任务而"教"、为"玩"而作基础之上的习作教学无法与儿童心灵建立协调流畅的"教学通道",因此是没有持久动力的。所以,要将每次习作教学的"教"构筑在交往功能之上,让写作一下子与儿童生活链接起来,与儿童内在欲求呼应起来,使习作教学成为儿童言语和精神的一种应答机制存在着,这样的"教"才会源源不断,生生不息。

2."教"的内容:构建习作教学的课程内容

"中小学有'当堂作文',但所谓当堂作文,只是给学生写作的时间罢了,具体的写作过程教师很少顾及,更缺乏有效的指导。"[1]原因何在?关键在于习作课程内容严重匮乏。广大的小学语文教师主要依靠教材而"教",将其当成习作教学课程的全部,而现行的(包括修订的)课标与国外同类母

---

[1] 王荣生.我国的语文课为什么几乎没有写作教学[J].语文教学通讯,2007(35).

语课程标准相比，在目标和内容的表述上显得笼统，在应该给力之处却语焉不详。一线教师毕竟不是课程专家，对其课程资源利用与开发能力寄于过高的期冀，这显然是一厢情愿。因此，要改善当下习作教学难以"教"、缺乏"教"的现状，必先要对教学内容进行重构。

一方面，构建适合儿童的写作内容体系。以笔者的教学实践来看，儿童对习作教学缺乏期待的根本原因在于教材上的习作内容与现实的儿童言语和精神存在着难以弥合的分隔力量——"相对于阅读教学而言，写作教学内容严重缺乏，已经成为我国中小学写作教学的一个重大缺陷"。[①] 而已进入课程范畴的习作内容，存在着"水土不服"：教材追求宏观的普适性，而对儿童个体及其生活的区域文化关注不够，缺乏足够的亲和力；教材呈现方式缺乏鲜活的儿童文化土壤，习作内容与写作者之间难以建立彼此的"驯养"和"牵挂"。因此，小学语文教师应当自觉树立"用教材教"的习作课程观，做适合儿童的习作内容开发者和建设者。以笔者倡导的童化作文教学为例，按照"立足儿童文化、整合习作教材、兼顾常见文体、体现学习坡度"的建构意图，经过多年的实践，形成了以"我写作"为主题的基本内容体系（见下表）。

课程类别	课程板块	主题内容
观察类	"我的童年风景"	我和动物
		我和植物
		我和玩具
		我和文具
		最难忘的瞬间
		最感人的情景
探究类	"我的童年秘密"	探索自然奥秘
		发现知识规律
		研究生活现象
		关注自身秘密

---

① 倪文锦.关于写作教学有效性的思考［J］.课程·教材·教法，2009（3）.

续表

课程类别	课程板块	主题内容
成长类	"我的童年传奇"	牙齿的故事
		书包的故事
		作业的故事
		零食的故事
		说谎的故事
		上网的故事
		勇气的故事
		生气的故事
活动类	"我的童年游戏"	传统文化活动
		实践操作活动
		现场游戏活动
		赛场竞技活动
		才艺展示活动
想象类	"我的童年梦想"	绘本写作
		漫画作文
		故事续写
		卡通故事改编
		现实情境联想
		童话故事创编
诉求类	"我的童年主张"	写建议书
		写感恩信
		写劝告信
		写竞选稿
		写答辩稿

统揽内容板块，将写作与儿童达成梦想、舒展肢体、自由精神、表达主张、分享精彩的童年文化构筑在一起，坚持将"人"的精神和言语成长作为

最终的目标。

另一方面，规划精要有用的写作知识系统。课标修订稿删去了"写作知识精要有用"，并不意味着习作教学从此步入了"非知识教学"的时代，相反，我们要搞清楚哪些知识、技能在小学阶段是"精要有用"非教不可的，否则"基本技能训练""扎实的语文基础"无从谈起。有学者云："我国母语课程改革理应重视知识系统建构，更应该重视并研究使学生自主、有效地拥有系统知识的教学路径。"[①]诚如斯言，针对课标修订稿"学段目标与内容"部分的描述，结合童化作文教学实践，笔者以为这样几类知识不可或缺（见下表）。

知识类型	知识要点
"观察"的知识	顺序（时间、空间）、变化等
"具体"的知识	总分、细节（动作、神态、语言、心理、形状、颜色滋味）
"条理"的知识	时间、空间、游览（步移景换）、总分总等
"过渡"的知识	递进式、转折式、因果式等
"想象"的知识	瞻前顾后想、拓展补充想、重砌炉灶想、情景交融想、身临其境想、举一反三想、穿越时空想等
"抒情"的知识	首尾呼应、夹叙夹议、引用诗句、借景抒情、内心独白等
"分段"的知识	总分总式、时间变化、空间变化、起承转合、分类说明等
"修改"的知识	删除、增添、插入、置换等
"格式"的知识	留言、通知、建议书、书信、日记等的格式与内容
"标点"的知识	引号、冒号、分号、省略号、书名号等的用法

这当中既有陈述性知识，也包含程序性知识，每学期，语文教师要结合习作内容定位写作知识教学，根据表达需要逐步渗透知识，利用例文鲜活呈现知识，通过对话理解应用知识。值得一提的是，习作教学中"知识"是状态化的，充盈着趣味和情境，是复合化的，与示例、文体融为一体，是一个

---

① 董蓓菲.全景搜索：美国语文课程、教材、教法、评价[M].上海：华东师范大学出版社，2009.

灵动鲜活的"知识生命体"。

写作内容和知识是习作教学"教什么"的核心，也是习作课程的最基础工程。纵观发达国家的母语课程标准，对这两大块的描述详尽得无可复加，大到思维要求，小到语法和标点，既适合"教"又利于"学"，非常值得借鉴。

3. "教"的环节：坐实习作教学的操作细节

现在的小学阅读教学关于"教"的研究可谓细化到每个"细胞"，而习作教学连常规的教研活动也鲜为一见。翻开众多名家的习作课教案或实录，大多线条较粗，基本停留在"指点江山"的层次。倪文锦先生的一段经历就颇具说服力："笔者曾在一次小学语文教师的培训中，要求学员提供自己最得意的一次作文课的教学设计或教学实录，交上来的教学设计和教学实录表明，老师一致反映最得意的作文课是想象作文，但同时笔者发现，从这些教学设计和实录中，几乎看不到教师是如何指导学生写的。"[1] 可见，研究习作教学"教"细节已经迫在眉睫。按照习作教学"前写作—写作—后写作"的指导顺序，笔者以为有这样八个环节值得琢磨和酝酿：

一是"起点"。每一次教学的开始，儿童的生活和经验不是零起点，知识技能的教学不是零起点，言语表达的方式不是零起点。教师应当充分了解班级儿童的"起点"，以此确定基于什么而"教"。

二是"准备"。在"教"的准备中首先思考通过什么途径实施"教"；在"学"的准备中，设身处地地思考儿童对写作内容是否耳熟能详，同时本次习作需要怎样的知识支持。

三是"情境"。"活动情境"旨在激发儿童参与课堂的兴趣，应当寓"教"于演，寓"教"于动，寓"教"于乐，让活动进程成为习作指导历程；"交往情境"意在为儿童的每次习作赋予交往的功能，习作动机应当面向交往，习作评价应当实现交往，首尾呼应，贯穿全课。

四是"示例"。它不仅是文本，还包括图画与视频等，对儿童习作具有原型启发、习作建模的功用。习作教学中的"示例"，要具有"相似

---

[1] 倪文锦.关于写作教学有效性的思考[J].课程·教材·教法，2009（3）.

性"——在内容上,与儿童的潜在生活具有"相似性",与所要达成的言语形式具有"相似性",与儿童游戏的心理欲求具有"相似性";要能起到"相似唤醒"的功用——能激发儿童类似生活和情感的共鸣,能打开儿童封闭的心阀,使其产生言说的欲求。

五是"对话"。教学过程中的对话有三种形式:一是情境"对话",以引导儿童观察习作对象,发现与众不同,捕捉典型素材;二是示例"对话",生发写作知识,领悟写作知识,活化写作知识,运用写作知识;三是讲评"对话",包括习作目标的达成考量、初步习作的完善指导、写作成就的即时彰显。让习作教学的"教"都"活"在对话中,让习作教学的"教"都实现在对话中。

六是"写作"。让在场的每个孩子都能感受到"教"的力量存在着,支持着:向写作进程快的儿童竖大拇指;静静地站在停笔思考的儿童身边,及时提供援助;主动走向面露难色的儿童,了解问题所在,及时解疑问惑;迅速浏览已经完成的习作,与作者交换修改意见。

七是"点评"。从习作目标出发,发现成功,体察自身习作的不足;从习作目标出发,学习伙伴习作的优点,提出力所能及的建议;从习作目标出发,共同欣赏班级优秀习作,群策群力提升薄弱习作。此环节,教师的"教"切忌好为人师,一切让儿童发现,此处"教"的职责就是选取典型习作;切忌"求全责备",不开"习作病院"和"文字批斗会",此处"教"就是呵护每个儿童的写作成果。

八是"展示"。教师要"教"给儿童发表的意识和途径,建立习作墙,鼓励儿童将自己的习作贴在教室周围的墙壁上;建立班级博客,引导儿童将习作贴在博客上;主动向媒体投稿,将自己的习作真正发表出来;开放评论栏,鼓励每位儿童既当自信的作者,更当忠实的读者,还做真诚的评论者。习作展示不拘一格,重在将班级每个孩子的每一篇习作真正展示在伙伴、教师、家长的面前,使其享受到做一个写作者的尊严和自豪。

细节不细,教学不实;细节不实,指导不存。塑造"教"的细节,是小学写作课程在儿童心灵"着陆"的基本底线。因此,我们考量一堂习作课是否具有指导价值,关键就看它是否有"教"的细节,每一个细节是否真实到位，呵护到心。

三、习作教学"教"的辩证

习作教学作为语文课程的重要一部分，意味着"教"的法理性不容置疑。但是习作教学的所有问题不是通过一个"教"字便可一言以蔽之，必须基于儿童"学"写作的前提，辩证理解"教"的价值和路径，才能让"教"不矫枉过正，让"教"职责分明，让"教"深入童心。

1. "教"是"学"的共同唤醒

所谓的"学"是儿童习作知识、经验、习惯的再生长，因此习作教学的"教"就是唤醒儿童共同的生活和经验，进行一次教学化、实践化的提升。习作教学的"教"有两个出发基点：一是"教"在儿童熟视无睹处，每个儿童都有这样的经历，但是在现实生活中却没有留意；二是"教"在儿童的耳熟能详处，只要有相应的教学召唤，儿童所有的相似生活就会呼之欲出。每个儿童的生存境遇和生活场景都大相径庭，每个儿童言语和精神发展的路径都千差万别，习作教学的"教"就是在不同的儿童中探寻并发现彼此间共同的生活、共同的话语、共同的体验，"教"就意味一种共同学习生活的集体营造，一种共同情趣的凝聚。

2. "教"是"学"的顺应生成

面向儿童的习作教学，"教"的过程不总是按部就班的预设，常常是一种动态的课程应对：发现儿童的细微变化，进行巧妙的教学适应；捕捉儿童的瞬间精彩，进行当场的教学延续；关注儿童的热点话题，进行主题的教学追踪。只要儿童想参与，可以随时将课堂搬出狭窄的教室；只要儿童有感受，可以随机调整习作教学时间；只要儿童乐表达，可以随意选择适合的言语形式。"教"永远不是"学"的累赘，而是对"学"的服务和支撑，用"教"使儿童的学习写作的内在需求变得更加强烈，使儿童学习写作的情趣保持得更加持久。

3. "教"是"学"的潜心经历

成功的"教"一定透显着丰富的知识技能，但绝不是知识技能的"告诉"，而是一种潜移默化的体验和经历。习作教学中的"教"就是解放儿童的感官和四肢，带领他们去充分"经历"。经历中，儿童积累了丰富的写作素材；经历中，儿童蓄积了饱满的心灵感受；经历中，儿童唤醒了与他人交流的欲望；经历中，儿童发展了言语表达的潜能。童心变得丰盈而充实，而承载儿童言语世界的知识、技能、素养也随之情境化、生活化、活动化，生成每个儿童的"言语图式"，成为"溶解"在儿童言语和精神世界中的智慧和意识。

4."教"是"学"的平台构筑

新课程背景下的习作教学，就是将儿童的写作过程放置在一个互动交往的平台上，将"自闭"的写作引向快乐的分享。此时，习作教学的"教"就是为儿童写作寻找适合的话语对象，可以是同伴，可以是亲人，可以是动植物，还可以是身边的事物，甚至可以是自我；为儿童写作明确具体的目的，或讲解，或沟通，或辩解，或解释，或诉说，或说明，等等；为儿童写作营造合适的状态，可以是展示状态，可以是分享状态，可以是对话状态。"教"的平台让儿童习作产生真实的效果，让儿童真切感受到写作对于生活和生命的价值。

习作教学中的"教"和"学"总是同构共生的："教"的目的，是召唤"学"的本性和潜能；"教"的手段，是"学"的路径和方法；"教"的流程，是"学"的经历和过程；"教"的终点，是"学"的自发和自觉。一句话，习作教学是可以"教"的，是必须"教"的；良好的写作素养和习惯是可以"学"的，是"学"得来的。

课程让"学"变得精准有效

从习作教材走向写作课程和教学,有专家称之为"路迢迢,水长长"。在这漫长而曲折的征程中,是否存在着一条鲜明而典型的轨迹呢?或者说是否有章可循?这是广大一线教师最为关注的。因为这也是课程标准赋予语文教师"正确理解、把握教材内容,创造性地使用教材"的使命。通过具体的实践,我以为这样的路径是可能存在的,也是必须铺设的,这是高质量的"用教材"教习作的必由之路。下面,主要以苏教版四上习作5《××的自述》为例,具体谈谈从教材走向教学的四次跨越。

一、审视教材:让课程价值鲜明凸显

教材其实就是一个学材,苏教版小学语文教材副主编李亮博士说:"习作教材从诞生的那一天开始,它便可能疏离了我们当下的生活。教材编出来之后,就和我们今天火热的生活渐渐拉开了距离。"编写再完美的教材,放置于课程与教学层面,缺陷是无法避免的。作为教者,我们要做的就是要知道,教材缺陷在哪里?笔者以为,审视一篇教材文本,需要有三种眼光:

一是以编者的眼光"理解"教材。习作教材从文本编写到出版,历经反复考量和检验。出现在教者面前的文本,可能是编者力所能逮最佳呈现的文本。作为教者,首先要竭力理解编者的编写意图。苏教版四上习作5《××的自述》,教材一共提供了两篇不同品质的例文:一篇是《小闹钟》,一篇是《小溪流的自述》。在众多的公开教学中,不少执教者常常将《小闹钟》作为习作例文来教,而对《小溪流的自述》置之不理。显而易见,执教者没有很好地理解和领会编写者的意图:《小闹钟》主要侧重于事物的"样子"和"作用"的描述,而《小溪流的自述》则是侧重于事物在客观世界中的种种"经历"的叙述,借助这两篇例文,编者试图告诉教者和儿童,写自述可以从一件事物的"样子"和"作用"以及现实"经历"三个方面展开。这样就可以将这篇教材的两篇例文彼此打通,形成内在逻辑关联。在研读教材中,理解编辑意图,其实就是善于将文本教材中所提供的所有教学资源贯通起来,发现彼此之间的文体脉络,发现例文和习作要求之间的契合和对应。

二是以教学的眼光"挑剔"教材。教材只是提供了一些教学素材,到底如何将这些素材放置在合适的教学环节和位置,需要执教者细细揣摩。其关键就是敏锐地发现教材在未来教学设计中可能出现的"突兀"和"矛盾"。苏教版四上习作5《××的自述》,在教学设计开始之前,我们总觉得习作教材走向教学预设有着诸多的"不顺当"。一方面,两篇异质的习作例文,如果用于习作知识开发,会带给儿童误解:有的事物适合从"样子"和"作用"进行自述,有的事物适合从现实"经历"进行自述,这对于将自述"写具体"是非常不利的。另一方面,我们发现,在《小闹钟》这篇例文中,里面存在着不少"夹生饭"——"自述"夹杂着"他述"。最为明显的是:"在我的头顶上,有一座精致的小房子,上面有精美的花纹,好像古代帝王的宫殿。"写自述,实质就是用拟人化的方法为事物写童话,既然是童话,就得遵循"主客一体化"的规则,既然小闹钟现在是"人",那么头顶上怎么会有"一座精致的小房子"? 这使得自述的"生动"和"有趣"大打折扣。教材置于教学视野中,越是不顺当,教学的设计空间就越大,教学的创造性就越发充分,教材的"原始价值"就越发丰厚。

三是以儿童的眼光"丈量"教材。儿童是习作教学中最核心的元素,所有的设计都指向儿童,为了儿童。因此,儿童习作训练中需要跨越的最大障碍是什么,作为执教者必须心知肚明。这样,教学设计才会有针对性,教学训练才会靶向明确。苏教版四上习作5《××的自述》中向儿童提出这样的要求:用"××的自述"形式,介绍一种熟悉的事物,要写得具体生动。我们研究发现"写得具体生动",是小学习作的普遍要求。这篇"自述体"习作,对于儿童来说,最难的莫过于"物性"向"人性"的转换过程,特别是作为"物"的组成部分和人的肢体和感官的哪些部位相匹配,作为"物"的一些属性与"人"的哪些行为和习惯相等同,这些"转换"在教学中如果不能得到有效解决,儿童的"自述"只能是停留在"第一人称"的层面。因此,用"儿童的眼光"看待教材,看待教材提出的习作要求,是我们每个语文教师理应具备的"目力"。

审视教材的过程,就是理解教材导向、发现教材缺陷的过程,就是了解儿童,发现教材与儿童言语水平落差的过程。这是一篇教材研读的基本思路,这也是一篇教材应有的课程价值。

二、建设课程:让习作教材适宜教学

习作教材不仅是儿童学习写作的学材,更是教师进行习作教学的素材。习作教材是一份优质的课程资源,在教学中不可轻言放弃,应当用好、用巧、用足,最大化地"攫取"其教育价值。一句话,就是让教材更好地服务于教学设计,更加适合儿童的言语学习。基于这样的思路,我们应调整教材,置换教材,甚至拓展教材,其实质就是进行习作课程建设,让教材更加适宜教学。基于"用教材教"的课程理念,一般可从三个层面来建设教材。

一是完善枝节。结合课程和教学目标,将教材中不适合、有偏差的部分,在保持基本"骨架"的前提下,进行修改和完善。教学苏教版四上习作5《××的自述》,可对教材例文《小闹钟》进行适当调整(见下表),以凸显自述文体的特点,让一切"物性"走向"人性"。在习作教材中,像这样的枝节调整,应当经常发生。调整体现着教师对课程的再创造,调整体现着教师作为课程建设者的角色责任,调整体现着教师对习作文体的把握和理解能力。

原　文	调　整
透明的玻璃罩里	透明的玻璃外衣里
在我的头顶上,有一座精致的小房子	我的头上戴着一顶特别的小帽子

二是同质置换。习作教材的每一份课程资源,都是编写者心血的凝聚,匠心的独运。习作教材走进教学,有时为了必要的教学逻辑,需要对一些例文进行同质化的置换。这里的"质",主要指言语表达要求,言语表达结构,真实而具体的言语知识。而"同质置换"指的是,将习作教材中部分在言语内容或者言语形式方面不适合本课教学的逻辑资源,慎重进行同等品质的置换,以确保教学设计的整体贯通性。在苏教版四上习作5《××的自述》的教学中,我为了最大化发挥例文的引导功能,将《小闹钟》和《小溪流的自述》合二为一,在言语内容上,我们统一为"小闹钟的自述",但是《小溪流的自述》的言语结构,我们没有放弃。于是,《小溪流的自述》被置换为《小闹钟的快乐和烦恼》(见下图),这样前后两篇例文就可以贯通起来,对"自述"这种文体的言语结构进行了有机的拓展。

三是功能调整。任何习作教学的发生都必须有一个合情合理的契机。而习作教材往往与当下的生活有些脱节,譬如苏教版五下习作3《学写新闻报道》。教材提供的习作例文是一则篮球比赛的新闻报道。经过调查发现,班级只有部分男学生喜欢和熟悉篮球比赛,而大多女学生几乎不了解篮球,如果以此为习作例文,势必会影响大家学习新闻写作的兴趣。于是我们将教学切口放在一篇熟知的课文《天火之谜》上。根据科学家富兰克林发现"天火之谜"的事件,出示一则新闻报道,然后对比学过的课文,发现新闻的"标题、导语、主体、结语"的特征。从大家熟悉的"记叙体"入手,与其"变式"——"新闻体"进行鲜明对比，儿童兴味盎然。教材里提供的习作例文我们并没有随意丢弃，而是将其作为对新闻这种"体式"进行巩固的一个极佳资源。

这是一组新闻报道的标题，你能从中找出主标题和副标题吗？

A. 我市第9届小学生男子篮球比赛结束
B. 记一次激烈的篮球比赛
C. 小学生篮球比赛
D. 篮球场上的拼搏
E. 东城小学男篮获得冠军

这是这篇新闻报道的四个部分，看看哪是导语部分，哪是主体部分，哪是结语部分。

（1）东城小学男子篮球队是一支经验丰富的球队。队员们素质好，配合默契，上半时比分一直领先。尤其是中锋上官志强，速度快，投球命中率高，一人独得20分，为东城小学夺得冠军立下了汗马功劳。

（2）参加这届比赛的共有10支球队。机场路小学男篮战胜了公园路小学男篮，获得第3名，公园路小学男篮获得第4名。

（3）我市第9届小学生男子篮球比赛，于10月30日在东城小学体育馆落下帷幕。东城小学男子篮球队以66比59战胜南京路小学男子篮球队，获得冠军，南京路小学男篮屈居第2名。

（4）南京路小学男子篮球队在比分落后的情况下并不气馁，下半场时曾经追成平局。但由于队员体力不支，最后以7分之差失利。

教学的思路稍加变换，教材便能焕发出无穷的魅力。我们一直认为，任何一份教材对习作教学都不是多余的，只要善于组合，只要善加利用，习作课堂就会鲜活灵动，习作训练就能扎实到位。

完善教材，让习作课程更加适宜儿童学习；置换教材，让习作课程更加适宜教学；调整教材，让习作课程产生更好的教学效果。

三、开发知识：让教学内容对准靶心

习作教学基于教材，最大目的就是从中发掘教学内容；习作教材走向习作教学，最重要的环节就是开发和生产"习作知识"。一堂习作课，"有真实而具体的文体知识"（叶黎明语）存在和贯穿，教学才会真正地发生。那么，从教材中应当开发出怎样的习作知识，才能改变儿童的言语结构，提升儿童的言语品质，让习作课程落地生根、开花结果？我们仍从苏教版四上习作5《××的自述》说起。

第一，对应语体。任何一次写作，对学生的言语形式都有一个基本的要求，也就是希望他们将习作写成一个什么样子，这就是"语体"。苏教版四上习作5《××的自述》要求的语体是"自述"，作为一个"物"自述体，在言语结构上应当是怎样的呢？在教学中，我们充分借助习作例文《小闹钟》，逐层剖析，提炼出"自述体"的基本言语结构："我的外貌—我的本领—我的情感"。在我们众多的习作课堂上，教师基本都能走到提炼"语体"这一步，即一篇习作的基本言语表达结构，然后就让学生"依葫芦画瓢"。所谓的"作前指导"常常终结于此，至于框架内如何铺陈，教学很少提及，教师很少关注。

第二，针对盲点。如果一个"语体"结构，能够解决儿童的言语困境，习作教学之难早已破解。真正难以解决的却是框架之内的言语铺展，即我们经常挂在嘴边的"写具体""写生动"的问题。因此，需要我们教师所"教"更加针对，更加精准。对于《××的自述》，学生言语的最大困境莫过于"他述"向"自述"的转化过程，这是一篇"自述体"习作的内在品质所在。在教学中，我始终瞄准这个"靶心"，下大力气重点突破（见下页图）：怎样将"物"的样子向"人的外貌"转换——从身材、穿着、身体部位这三方面来介绍；怎样将"物"的作用向"人的本领"转换——从动作、话语这两方面来描述；怎样将"物"的经历向"人的情感"转换——从快乐、烦恼这两方面来抒发。而这一切的核心就是"拟人化"，这是一个儿童学写"童话"

的基本步骤。有了这些具体的"拟人化"知识的支撑，学生内在的言语转换机制就会得到有效的建立，转换的通道就会敞亮而自然地打开。

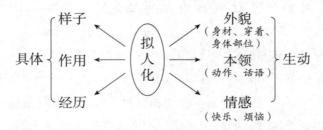

第三，瞄准重心。习作教学本质上就是教学素材，它可以给执教者无限的可能性。可是，作为一次习作训练，我们基于教材的习作教学内容开发，不可口子开得太大，没有边界；也不可口子开得太多，零散无聚。最理想的状态就是本着"一课一教"、让儿童"一课一得"的心态出发，沿着一点开掘深入，开掘透彻，这样习作指导才会具体到位。在苏教版六上习作3《写一种美味小吃》中的教学中，教材要求"写的时候要注意突出它的色、香、味、形"。具体的教学中，我没有要求全面开花，面面俱到，而是将知识开发的"重心"牢牢地锁定在儿童普遍认为最难写的"品味"上，结合描写"臭豆腐""biàngbiàng 面""上海小笼包"的三篇典型的习作例文，分别和学生一起开发和生产出将滋味"写具体"的三种知识——"运用变化法""列举分层法""同类对比法"，将滋味"写生动"的知识——利用比喻和拟人等修辞方法"展开联想"，取得了较好的教学效果。习作知识开发"重心"的确定，是由儿童言语难点和盲点决定的。描写一种美味，可以写"造型"，可以写"做法"，也可以写"滋味"，更可以写"传说"。作为一篇六年级的习作指导，"造型"和"做法"在此前的习作训练中已经反复经历，无须在本次习作教学再次强调；而"滋味"看不见、摸不着，它作为人的一种独特感觉，对儿童来说，却是最难的，将"滋味"作为开发和突破的"重心"，其原因不言自明，其价值不言而喻。

习作教学过程中，知识开发是最有技术含量的，是与儿童言语发展紧密相关的。作为一名语文教师，必先熟知每一次习作的语体特点，从文体出发，既要对一篇习作的言语结构进行宏观构建，还要深入了解儿童的言语困境,开发出具体针对、微观下位的操作性知识,让习作指导有清晰精准的靶向。

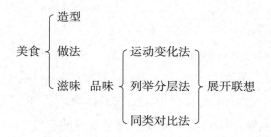

四、环扣目标:让教学评价精准有效

习作教学的有效性,不是由某个教学环节主宰的,必须着眼于一个整体性的教学规划。一次习作教学,必须围绕着原初的课程目标一以贯之。我在教习作教材中,一直有着这样鲜明的理念:教什么就写什么,教什么就评什么。这在苏教版四上习作5《××的自述》的教学中可见一斑。

第一,"所写"围绕着"所教"。一堂习作课,是单位时间内的作为,很多教师常常喜欢让学生写全篇,结果学生的写作时间挤占了大部分课堂时间。习作课固然要"写",但是只能在有限的时间内"写"与教学内容密切相关的段落。在《××的自述》教学中,我在写作环节提出两个要求:(1)选择样子、作用、经历中的一个方面介绍事物;(2)把事物当成人来写,让它具有人的外貌、动作、语言、情感。只写其中一个方面,让它具有人的特征,是紧紧围绕着"所教"——拟人化进行的实践演练。只写一点,就是为了节约课堂时间,确保课堂有当堂讲评的空间。其实,无论是习作观摩课,还是常态课,我们一直倡导写片段,在片段中将本课所生产出来的习作知识转化成具体而生动的言语,这是对教学成效的一个必要检视。

第二,"所评"回叩着"所教"。习作讲评是课堂反馈环节,只要是评价,就得有一个具体而明确的标准。这个标准就是教师的"所教"。一篇习作需要评价的方面可能很多,有遣词造句方面的,有选材方面的,有上下连贯方面的,有情感态度价值观方面的,但是在习作课堂讲评环节,不能全方面展开，只能围绕课堂所教的核心知识达成度来进行。在《××的自述》的评价环节，我牢牢抓住"拟人化"这个"牛鼻子"，及时发现精彩的语段，带领大家去欣赏；敏锐捕捉"夹生"的句子，引导大家来商讨。有评价标准的习作讲评，问题才会集中，才不会东拉西扯，冲淡教学聚焦；围绕标准进行的习作讲评，对儿童言语的评价才会中肯，讲评才能回归到本义。

第三，"所改"巩固着"所教"。所有的教学都不可能一步到位，知识是需要不断巩固的，这样才能落地生根，开花结果。讲评环节回扣教学内容，关注习作知识给儿童言语带来的改变，就是最好的巩固。一次习作训练所教的知识，应该有三个巩固环节：第一次，是知识运用的课堂习作环节；第二次，是围绕知识落实情况的习作讲评环节；第三次，是对照知识指标的修改环节。特别是第三环节，其实就是儿童的二度写作。我们常会有这样的发现：当学生在读自己的习作的时候，所读出的内容和文稿上的内容并不一致，那是他们不由自主地在修改，这是儿童自我言语修复机制在发挥作用；当学生在聆听别人的习作交流时，就会情不自禁地主动修改自己的习作，这是儿童现有的言语平衡已经被打破，新的言语结构正在形成。当学生在修改伙伴的习作时，会按捺不住地对照自己的习作，然后作出优劣判断，这意味着新的言语结构已经创立，知识已经转化为言语技能。因此，儿童的习作修改，就是对他们言语渐进生长的推动和强化，在习作教学中不可等闲视之。

现场写作，就是习作知识的落地生根；即时讲评，就是习作知识的抽枝长叶；当堂修改，就是习作知识的开花结果。一个精准而有针对性的习作知识，必须经过这样的反复锤炼，才会逐步地成为儿童长久的语用能力。

从习作教材走向习作课程，我们需要拥有开阔的课程建设视角；从习作课程走向习作教学，我们必须培养坚实的语体知识开发能力；从习作教学走向儿童的言语发展，我们必须锻炼适合童性的教学设计能力。一句话，要让习作教学的"教"真正发生，我们语文教师的教育素养必先发生革命。

课程让"童年"变得精彩丰富

教学意味着改变与发展。写作课程，一个最为重要的担当就是不断改变儿童现有的言语结构，以此促进儿童言语品质的提升。可是现行的习作课程基于统一的语文教材，只是提供了一个习作话题，至于教学内容、教学设计、操作流程，还需要教师从整体上把握教材编排意图提出适合的教学目标，根据同一类文体在不同学段的训练情况合理地切分出适宜的教学内容，同时还要针对儿童的年龄特征，通过生动有趣的童话、活动、游戏来组织教学，而这些都需要教者凭借自身素养进行科学而有秩序的构建。遗憾的是，绝大多数小学语文教师难以从课程层面担当起建设的重任。因此，有专家云："'教'作文，更恰切的表达是'叫'作文，'叫'学生作文，教师的作用仅仅是引起写作兴趣，发出写作指令。"[1]

自 2013 年 1 月以来，笔者倡导的童化作文教学，努力从课程层面进行"适合儿童的写作课程"开发，坚持"改变"和"发展"的价值导向，历经四年实践和论证，逐步形成了以"功能语境"和"精准知识"为课程内核，以"故事、游戏、活动、想象、节日、诉求"为课程内容，以"课程与生活""组织与指导""情趣与知识""技术与艺术"的辩证统一为课程教学逻辑，最终实现穿越儿童生活、相遇儿童文化、发展儿童素养的课程目标。（见下页图）

---

[1] 叶黎明.写作教学内容新论［M］.上海：上海教育出版社，2012.

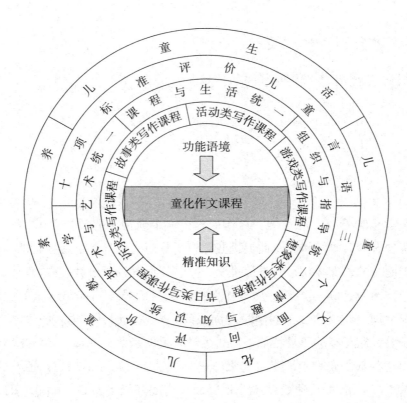

一、课程目标：明确"三大"价值追求

"适合儿童的写作课程"开发，立足儿童文化，让写作课程具有儿童属性；面向儿童生活，让写作课程记录儿童历史；改变儿童言语，让写作课程释放生产力。

1. 让课程"穿越"儿童生活

儿童是写作课程的主体，整个写作课程的开发就是为了让儿童置身其中，经历其中。课程就是儿童真实的生活现场，课程就是为了让儿童更加适应生活。"适合儿童的写作课程"开发，就是基于儿童鲜活的生活，让写作课程贯穿儿童的学习和生活，穿越儿童生命历程中的四季，使课程扎根儿童真实生活，服务儿童当下生活，改善儿童未来生活，最终让课程成为每个儿童记录童年历史的重要路径。

2. 让课程"相遇"儿童文化

童话、游戏、活动是儿童的文化属性，写作课程要与儿童相遇，就得让每个儿童的精神在课程中找到归属感、亲切感。（1）让写作课程与"童话"相遇。"童话"是儿童的梦想，"童话"是儿童的思维方式，"童话"是儿童的言语结构。面向儿童的写作教学，就是主动去发现儿童的"童话"，自觉走进儿童的"童话"，顺势引导儿童用言语表达自己的"童话"，当教学引领儿童一踏入这个世界时，他们的四肢就会自然伸展，所有感官都会苏醒，言语和精神的世界就会变得澄明敞亮。（2）让习作课程与"游戏"相遇。游戏，是儿童用以了解他生活于其中的世界的手段，它实际上是儿童存在的一种形式，写作课程要成为适合儿童的"现实文体"，就应当让儿童写作成为一种游戏。可以让习作教学置身于游戏的情境中，让每个儿童的写作处于一种游戏状态，使每次习作教学过程成为一场精彩的游戏活动。（3）让习作课程与"活动"相遇。走向儿童的习作课程，就是要营造适合儿童的"活动本性"的教学生活，通过具体的"活动"让儿童的感官回归到生活状态，通过活动丰盈儿童的习作体验，通过活动为习作教学搭建起一个动感开阔的平台，通过活动在师生之间构筑起共同的言语世界。

3. 让课程"发展"儿童素养

言语素养是以"言语知识"和"言语能力"为前提的。当我们要发展儿童的写作能力，提升儿童的写作素养时，回避不了写作知识教学。当下儿童写作水平不高或者原地打转，通常不是结构性的整体缺陷，而是局部的知识要素缺失。"适合儿童的写作课程"就是要改变写作知识贫乏、笼统、模糊的现状，构建出精准有用的学校写作知识体系，创生出具有文体特征的针对性知识，开发出能有效转化写作能力和素养的鲜活知识，让每次习作教学能真正释放出"生产力"，让儿童的言语素养能真正得到大面积提升。

二、课程内容：建构"六大"写作类型

写作内容是儿童习作课程的重要组成部分。适合儿童的写作课程就是将"儿童"自身作为习作内容来进行开发，儿童的活动、儿童的游戏、儿童的

梦想、儿童的体验、儿童的节日、儿童的需求都是习作教学取之不尽的课程资源。而开发的最主要方式就是唤醒和融合儿童生活中的一切与"童年"相关的元素，从而搭建起异质同构、多元鲜活的儿童习作课程内容结构。

1. 故事类习作课程

童化作文课程认为，有儿童的地方就会有故事发生，儿童就是故事的中心，故事是身处童年的儿童特有的属性。调皮的故事、偷懒的故事、说谎的故事、烦恼的故事、挨罚的故事、牙齿的故事、书包的故事、勇气的故事……童年的故事无处不在，无时不有。习作教学应当尊重儿童的故事属性，把握儿童的故事状态，这样一来"故事性习作课程"就会自然生成，习作教学的"坚硬"面目就会实现根本性的"柔化"，儿童的写作生态就会发生实质性的变革。

2. 活动类习作课程

由于儿童理性思维的不足，他们的四肢和感官是认知世界的重要工具。因此，儿童认识世界的过程就是四肢和感官充分活动的过程，就是儿童探索自然和进行社会实践的过程。譬如小学阶段的叶贴活动、种植活动、采摘活动、创意活动、义卖活动、竞选活动等让儿童积累了丰富的习作素材，搭建了动感的言语平台。童化作文课程认为，一次成功的实践活动，建构起的不仅仅是鲜活灵动的习作内容、丰富多彩的表达方式，还有一种"有所为"的积极写作态度，更有一种在实践中衍生出来的合作意识和创造精神。

3. 游戏类习作课程

游戏不仅是儿童精神的象征，还是一份烙上地域和时代特征的文化资源。游戏类课程的开发常常与季节贯通：春季，放风筝、打陀螺；夏季，翻花绳、捉迷藏；秋季，跳框、滚铁环；冬季，踢毽、跳绳、打雪仗。游戏类习作课程开发在关注传统的同时，也要关注一些适合学校开展的现代游戏，如"贴鼻子""吹泡泡""掰手腕"等，还有一些儿童乐此不疲的网络游戏《幻想学园》《宠物森林》《植物大战僵尸》等，都可以进入习作课程开发的视野。童化作文课程开发过程中，应充分利用游戏轻松有趣的情境、游戏过程中紧张曲折的情节、儿童沉浸其中愉悦而刺激的体验，与习作教学进行有机对接，让儿童写作也变身为一种轻松愉悦的游戏活动。

4. 想象类习作课程

儿童认识世界常常主客一体化，他们善于对现实事物进行想象，向着童话的方向进行建构。想象类童化作文课程主要包括以下几类：一是关联式想象，提供几个不关联的事物，要求借助故事来角色化，通过故事来情节化。二是情境式想象，在一个场景中的几个事物，要求以故事的方式来呈现它们之间的关系。三是延续式想象，在现实或者童话的故事后面，以原先的故事情节为基础，进行故事的再发生，可以加入新的角色，可以变换原先的故事场景，可以产生新的故事结局。四是穿越式联想，用人类视角去观照和发现其他生物的生死存亡、悲欢离合，用现代的视角去理解和生发古代经典的故事。想象类习作课程应当想儿童之所想，可以即时建构，可以针对儿童关注的焦点进行系列性的开发。

5. 节日类习作课程

民俗传统节日以其特有的文化性、娱乐性、普适性，自然地绵亘于儿童的生活之中，成为一条充满幸福慰藉的精神链条，让儿童喜闻乐见、乐此不疲。节日文化活动为儿童开辟了习作阵地，激发了言语契机，增添了言语情趣。在节日文化平台上，搭建起儿童言语实践的路径："收集资料—参与活动—表达体验—交流体悟"；构筑起儿童习作的内容链："草火节"（元宵）—"斗蛋节"（立夏）—"粽子节"（端午）—"月饼节"（中秋）—"烟花节"（除夕春节）。儿童在这样的习作课程中穿越和经历，既丰富了精神，又成长了言语。

6. 诉求类习作课程

习作教学面向儿童的交往需要，使写作成为儿童达成自我意愿的一个重要途径。诉求类习作课程在内容上主要有几个方面：一是解释说明类，有条有理地向读者陈述一种过程、现象、结构、状态等；二是劝解说服类，有礼有节建议、劝说他人，以达到响应自己意见的目的；三是推广介绍类，有声有色地向读者推介一处景物、特产或者物品，甚至是自己的特长；四是倾诉心声类，有情有境地向倾诉对象表达自己的意见、看法，希望得到对方的认同和理解。这类习作课程的本质是"语用"——通过习作满足儿童需要，服务儿童生活；这类课程的关键是"语力"——借助儿童言语来打动人心，以言服人。

三、课程内核：提供"两大"内驱支柱

课程内容只是"适合儿童的写作课程"的外在形式，而激发儿童走向书面言语表达的内在动力——"功能语境"，推动改变儿童言语结构、推动儿童言语成长的支撑力量——"精准知识"，这两者才是"适合儿童的写作课程"运行的内驱支柱。

1. 功能语境：让习作教学华丽"转身"

"功能语境"是将写作与儿童交往需求连接在一起的"推手"，由于功能语境的存在，让每个儿童觉得写作可以实现自己的愿望，可以服务自己的生活，可以改善自己身处的社会。综合西方写作教学的研究成果，"适合儿童的写作课程"认为，一个完整的"功能语境"基本上由五个要素构成：

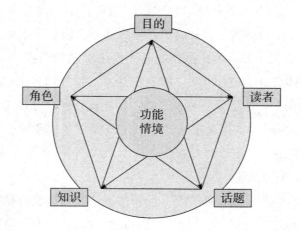

（1）话题。就是本次习作的基本内容，或来自语文教材，譬如介绍一个人、描述一种景物等等；或来自儿童的现实遭遇，譬如书包太重、作业太多、食堂饭菜不太合口等等。

（2）目的。就是本次习作的功能目标，即到底为什么写，通过写能解决什么问题，达成什么目标。习作的目的性应当与儿童的生存、生命、生活需要息息相关。功能目标不是教学目的，它直接指向儿童的内在诉求和期待。

功能目的就是一次习作教学的动力源泉,就是一次儿童写作的价值所在。当然,写作目的不同,所采取的写作知识、文体形式也各不相同。

(3)角色。就是写作者的文本身份,即作者在习作中以什么样的身份进入语境,以什么样的年龄、经验、性别来说话和表达。这里的身份很多,可以是真实身份,也可以是模拟身份;可以是童话人物,也可以是现实人物;可以是家长,也可以是伙伴;可以是校园内的,也可以是社会其他行业的。角色不同,说话的语气不同,选择的话语内容不同,故事的情节走向不同。

(4)读者。就是本次习作的服务对象,即这篇习作写给谁读的,他(她)对这篇习作的态度就是检验习作表达成效的关键所在。读者在习作中,一直潜在文本的字里行间,无处不在,无时不有,习作者在表达时所秉持的"观点和立场",所占有的"事理",所流溢的"情感",就是为了引起读者注意和重视,随之打动读者、说服读者,从而赢得读者的认同和支持。

(5)知识。就是本次习作的功能支撑,习作采取怎样的文体样式需要知识,习作采取怎样的言语风格同样需要知识。应该这样说,知识在功能性写作中,决定着一篇习作所焕发"语力"的强弱。不同的知识,服务于不同的习作文体,服务于不同的功能目标达成。

在这五个基本要素中,话题是表达的中心,目的是表达的旨归,角色是表达的主体,读者是表达的指向,知识是表达的支撑,它们互为基础,相互作用,构成了功能性习作教学生动鲜活的表达语境,使每一次习作教学都能实现华丽的转身。

2. 精准知识:让习作教学释放"语力"

正如韩雪屏所言:"原有的语文课程知识不能有效转化为学生理解与运用语言的能力,因此需要我们积极地开发和更新知识,构建新的语文知识体系,其核心应当是以语用为中心的动态语文知识。"[1] "适合儿童的写作课程"积极构建"以语用为中心的动态语文知识",让每一次教学的写作知识走向具体明确,走向精准有效,这就是童化作文所倡导的"精准知识"教学。

---

[1] 韩雪屏. 语文课程知识初论[M]. 南京:江苏教育出版社,2011.

童化作文追求这样的"精准知识"——

（1）"一境一知识"。任何习作都应当有鲜明的目的，明确的读者，这是儿童走向习作的最强动力，也是一次习作教学的"语境"所在。为了达成言语的交往"功能"，就需要面向"功能"的习作知识的支撑：要推介，就需要说明的知识；要建议，就需要说理的知识；要说服，就要有劝说的知识。功能越明确，知识越精准，愈发能显示"语力"，实现功能目标的可能性就越大。对于写作来说，没有绝对正确的必然性知识，只有相对合适的或然性知识，而判断合适与否的关键，就是语境功能。如果我们脱离语境去谈"知识"，去谈"精准知识"，那么就会陷入误区。所以，"一境一知识"，正是对"以语用为中心的动态语文知识"的最佳阐释。

（2）"一课一教学"。精准知识直接面向儿童的言语表达，直指儿童言语表达的困境。因此，知识在呈现上是具体的，是可以操作的，是以"方法""策略"的面目出现的，是一种言语心智技能。作为"心智技能"的精准知识直接服务儿童的"动态"言语操作：切口越小，越对儿童写作有针对性指导；呈现越细化，对儿童写作越有支撑力。譬如六年级《开学第一天》的习作指导中，我们将知识教学锁定在难度最大的"新鲜"的表达上，教师和儿童结合相关例文，一起总结出描述"新鲜"的习作知识——"前后对比"可以让环境"新鲜"，"上下反转"可以让事情"新鲜"，"内外冲突"可以让自己的想法"新鲜"。这三种方法，既是知识技能，也是操作策略。所以，"一课一教"是精准知识教学的逻辑前提，我们的习作教学要有"宁凿一口井，不开一条河"的自觉节制，以教得"精"来保证教得"深"，教得"透"，教得"准"。

（3）"一类一阶梯"。正如王荣生先生所言："从小学到初中、到高中，我们的语文课程和教学就在这几小点知识里来回倒腾……而且将这种低水平的繁琐重复，美其名曰'螺旋型'上升。"童化作文试图改变这种含混重复的习作知识教学现状，一方面为每一次教学划分清晰的教学边界，让教学有节制，让知识有节点；另一方面同种文体类型的习作教学，在年段和学段之间，构建一个层层递进的知识台阶，让习作训练拾级而上（如下页图所示）。这样的文体类型阶梯，让每次习作教学既相对独立——知识精当不宽泛、层阶分明不牵扯，又互为基础——前一次教学是后一次教学的基础、后一次教学是前一次训练的延续。

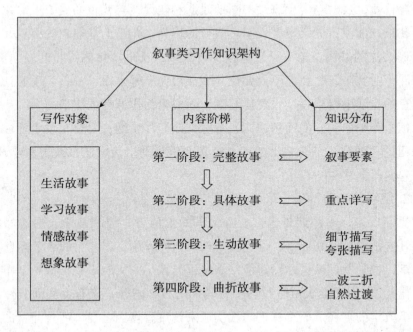

精准知识，让教师的"教"坚实有力，让儿童的"学"落地生根。习作教学有了"精准知识"，就能释放出强大的生产力，就能大大促进儿童"语力"的提升。

四、课程实施：坚持"四个"辩证统一

"适合儿童的写作课程"只有与日常的习作教学无缝对接，贯通一体，才能真正推动儿童的言语和精神成长。在课程的教学设计中，必须辩证地处理儿童、教师、教材、生活、知识之间的相互关系，课程才能发挥出最大的教学效应。

1. 课程与生活的统一

儿童最大的特征是"喜新厌旧"，如果以"不变"的课程应对儿童"多变"的生活，再有价值的课程都难以在儿童世界里得到真正认同。在儿童面

前，写作课程不是一成不变的"铁打"稳定结构，而是永远流动开放的动态系统。课程从问世的第一天起，就已经与儿童的真实生活脱节了。课程要真实适合儿童，就要与时俱进，不断地改造和建设，与儿童的当下生活主动对接。儿童之间流行的话语，校园里盛行的玩具，儿童们最热衷的游戏，儿童时下最关注的书籍，都可以被课程及时吸纳，及时转化成优质的教学资源。作为课程的实施者，我们不仅要让儿童在习作课程中得以成长，还要让课程在儿童的生活中得到发展，要让儿童生活成为写作课程的"平衡木"——写作课程永葆鲜活动感的面貌，让儿童感到亲切和悦纳；要让儿童生活成为写作课程的"调节器"——不断用儿童喜闻乐见的生活方式来改善教学环节，让课程变得柔软和贴心。

2. 组织与指导的统一

长期以来，习作课堂上，教师最大的价值就是组织教学，通过激发兴趣，开展活动，串联环节，以达到"教学"的作用。以"组织者"角色定位的课堂，教师看似忙忙碌碌，但是从课程与教学的实质来看，教师基本上没有"作为"，因为本次习作教学没有确定的教学内容，没有真实而具体的文体知识教学的存在，那么真正的教学从来就没有发生。在"适合儿童的写作课程"实践中，作为课程实施者的教师，有着鲜明的角色定位：在作为"组织者"的同时，更作为习作课堂的"指导者"——每次课程教学都瞄准儿童知识和技能的盲点，积极开发精准而有针对性的"以语用为中心的动态语文知识"，确保习作课堂"教什么"就当堂"练什么"，"教什么"就当堂"评什么"，真正做到"一课一教"，让儿童"一课一得"。"组织者"和"指导者"在一次写作课程的实施中，从不矛盾，而是相辅相成："组织"是为了更好地"指导"，指导就是最好的"组织"。

3. 情趣和知识的统一

在当下的小学语文界有这样一种声音：小学写作教学最大的任务就是激发儿童的写作兴趣，如果儿童没有兴趣，教再多的知识都是白费。显而易见，很多一线教师将知识和情趣二元对立了。其实，课程是知识教学的载体，教知识是一门课程存在的核心价值，可是对于"适合儿童的写作课程"来说，问题不是教不教知识，而是如何教知识，如何将写作知识情趣化。写作知识不能靠教师一厢情愿的授予，而应借助鲜活的对话平台师生共同"生产"出来。当知识的生产过程就是儿童的游戏活动过程，当知识的运用过程就是儿童的言语交际过程，知识便充满儿童的气息，怎么会不情趣盎然呢？

4. 技术与艺术的统一

写作课程因为教知识，所以充满技术含量；写作课程因为要适合儿童，所以需要艺术的魅力。前者体现着课程的工具性，后者则是课程的人文性所在。"适合儿童的写作课程"将构建以文体为单位的"精准习作知识"体系作为课程开发使命，在习作教学课堂中，积极倡导教"精准习作知识"，让儿童的言语结构发生变化，言语品质实现提升。与此同时，我们更关注的是知识借助什么媒介在儿童的世界中产生，又如何在儿童的言语结构中实现"软着陆"，这需要艺术的考量。这里的"艺术"其实就是知识与儿童文化有机交融，就是儿童思维与知识和谐共生。课程开发，"写作知识"作为技术要素必不可少；课程教学，"儿童文化"作为柔化和转化知识的艺术要素不可或缺。

"适合儿童的写作课程"实施过程中，儿童文化和儿童生活是"软环境"，写作知识和教学指导是"硬道理"，作为教师，就是要选择适宜的教学"站位"，化"硬"为"软"，在课程与儿童之间找到一条和谐共进的生长之路。

"适合儿童的写作课程"突破小学语文教材的禁锢，尊重和基于儿童的文化属性，立体多元地拓展习作课程类型；立足儿童的内在诉求，蓄积儿童的写作动力，重建习作教学的存在价值，实现习作课程的华丽转身；着眼于精准的文体知识开发，打破儿童的言语习惯，改变儿童的言语结构，提升儿童的言语品质；借助精细的评价系统建构，发现教师的教学盲点，弥补儿童的言语缺陷，提升师生自我教学评估的水准。